Jon Acuff

Bring es zu Ende!

Wie man mit mehr Spaß und weniger Perfektion
alle Ziele erreicht – und sich selbst belohnt

Übersetzung aus dem amerikanischen Englisch von
Silvia Kinkel

REDLINE | VERLAG

Bibliografische Information der Deutschen Nationalbibliothek:
Die Deutsche Nationalbibliothek verzeichnet diese Publikation in der Deutschen National-
bibliografie; detaillierte bibliografische Daten sind im Internet über **http://d-nb.de** abrufbar.

Für Fragen und Anregungen:
lektorat@redline-verlag.de

1. Auflage 2018

© 2018 by Redline Verlag, ein Imprint der Münchner Verlagsgruppe GmbH
Nymphenburger Straße 86
D-80636 München
Tel.: 089 651285-0
Fax: 089 652096

© der Originalausgabe 2017 by Jonathan Acuff
Die englische Originalausgabe erschien 2017 bei Portfolio, einem Imprint der Penguin Pub-
lishing Group, einer Abteilung der Penguin Random House LLC, unter dem Titel *Finish – Give
yourself the Gift of Done.*

Übersetzung: Silvia Kinkel, Königstein
Redaktion: Bärbel Knill, Landsberg am Lech
Umschlaggestaltung: Laura Osswald, München
Umschlagabbildung: Shutterstock, Cvijovic Zarko
Satz: Carsten Klein, Torgau
Druck: GGP Media GmbH, Pößneck
Printed in Germany

ISBN Print 978-3-86881-707-2
ISBN E-Book (PDF) 978-3-96267-022-1
ISBN E-Book (EPUB, Mobi) 978-3-96267-023-8

Weitere Informationen zum Verlag finden Sie unter

www.redline-verlag.de

Beachten Sie auch unsere weiteren Verlage unter www.m-vg.de

Jon Acuff

Bring es zu Ende!

Inhalt

Einleitung

Das falsche Gespenst

Im Jahr 2013 habe ich das falsche Gespenst bekämpft.

In jenem Jahr veröffentlichte ich ein Buch, in dem ich die Leser dazu drängte, loszulegen. Ich forderte sie auf, endlich vom Sofa aufzustehen. Ich ermunterte sie, ein Unternehmen zu gründen. Ich ermutigte sie, mit einer Diät anzufangen oder ein Buch zu schreiben oder eine Million anderer Ziele zu verfolgen, von denen sie schon jahrelang geträumt hatten.

Ich dachte, das größte Problem für die Menschen sei die Angst, die sie davon abhält, einfach loszulegen. Wenn ich diese Menschen über die Startlinie schubsen könnte, würde der Rest wie von selbst laufen. Angst war in meinen Augen das Gespenst, das sie zurückhielt, und loszulegen schien mir der einzige Weg, um es zu besiegen.

Ich lag zur Hälfte richtig.

Das Anfangen spielt eine Rolle. Das Anfangen ist wichtig. Die ersten paar Schritte sind von Bedeutung, aber sie sind nicht das Wichtigste.

Wissen Sie, was noch wichtiger ist? Wissen Sie, was den Anfang wie einen Klacks und beinahe bedeutungslos aussehen lässt?

Es auch zu Ende zu bringen.

Jahr für Jahr haben mich Leser bei Veranstaltungen beiseitegenommen und gesagt: »Mit dem Anfangen hatte ich nie ein Problem. Ich habe eine Million Sachen angefangen, sie aber nie zu Ende gebracht. Wie kann ich etwas zu Ende bringen?«

Darauf hatte ich keine Antwort, aber ich brauchte eine, auch in meinem eigenen Leben.

Ein paar Dinge habe ich zu Ende gebracht. Ich bin Halbmarathons gelaufen, habe sechs Bücher geschrieben und ich habe mich heute ordentlich angezogen, aber das sind die Ausnahmen in meinem Leben voller nur zur Hälfte erledigter Dinge.

Ich habe nur 10 Prozent der in meinem Besitz befindlichen Bücher ausgelesen. Ich brauchte drei Jahre für das sechstägige P90X-Home-Exercise-Progamm. Mit 23 Jahren habe ich es immerhin bis zum blauen Gürtel in Karate geschafft, etwa 26 Stufen unter meinem eigentlichen Ziel des schwarzen Gürtels. In meinem Büro habe ich genau 32 angefangene Moleskine-Notizbücher, und in meinem Badezimmer stehen 19 angebrochene Lippenpflegestifte. Ein Finanzberater würde vermutlich verrückt werden angesichts des Kostenfaktors »Lippenpflege« in meinem persönlichen Budget.

Meine Garage ähnelt einem Mausoleum. Dort findet sich das Teleskop (fünfmal benutzt), die Angel (dreimal benutzt) und das Snowboard mit der Saisonkarte für ein Skigebiet, das gleich in der Nähe liegt (nie benutzt). Und wer könnte das Moped vergessen, das ich vor drei Jahren gekauft habe und mit dem ich sage und schreibe dreieinhalb Kilometer gefahren bin? Ich habe es nicht einmal angemeldet und versichert. Ich lebe jenseits der Normalität. Der Normalität, etwas zu Ende zu bringen.

Wenigstens stehe ich mit meinem Problem, etwas bis zum Ende durchzuziehen, nicht alleine da.

Laut Studien werden 92 Prozent der Neujahrsvorsätze nicht umgesetzt. Jeden Januar starten Menschen voller Hoffnung und mit viel Tamtam und glauben, dass dieses Neujahr jenes ist, das auch ein neues Ich hervorbringt.

Aber obwohl 100 Prozent anfangen, gelangen nur 8 Prozent ans Ziel. Statistisch gesehen ist Ihre Chance ebenso groß wie die, an der New Yorker Juilliard School einen Platz im Studienfach Klassischer Tanz zu bekommen. Diese Chance liegt ebenfalls bei 8 Prozent, nur dass ihr es wisst, ihr lieben kleinen Ballerinen.

Ich dachte, mein Problem sei, dass ich mich nicht genug anstrenge. Genau das sagen mir nämlich sämtliche Online-Gurus mit ihren strahlend weißen Zähnen. »Du musst dich ins Zeug legen! Du musst dich abrackern! Schlafen kannst du, wenn du tot bist!«

Vielleicht war ich einfach nur faul.

Schließlich fand ich heraus, dass ich einen gefährlich niedrigen GRIT-Wert hatte. Das erfuhr ich, als ich mich Angela Duckworths hervorragendem GRIT-Test unterzog. Mein Wert war so niedrig, dass er nicht einmal angegeben wurde. Eigentlich hätte man Bonuspunkte dafür bekommen müssen, dass man den Test überhaupt fertig machte – was ich überraschenderweise schaffte.[1]

Ich begann, morgens früher aufzustehen. Ich trank so viele Energydrinks, dass es ein Pferd umgehauen hätte. Ich engagierte einen Life-Coach und aß mehr Superfood.

Nichts half, obwohl mein Augenlid von dem vielen Koffeinkonsum wie irre zuckte. Es war, als würde mein Auge jemandem zuzwinkern – und zwar wahnsinnig schnell.

Während ich mich ordentlich ins Zeug legte und nach den Sternen griff wie Abe Lincoln, erfand ich eine 30-tägige Online-Challenge. Sie nannte sich »30 Days of Hustle Challenge« (zu Deutsch: 30 Tage Hetze) und bestand aus einem Videokurs, der Tausenden von Menschen dabei helfen sollte, ihre Ziele zu erreichen.[2]

Was dann passierte, lässt sich bestenfalls als Zufall bezeichnen. In Büchern wie diesem sollte man so etwas nicht zugeben. Wenn du Selbsthilfe-Bibeln verfasst, ist die Versuchung groß, deine eigene Geschichte als Beweis dafür anzuführen, dass du qualifiziert bist, jemand anderem bei der Gestaltung seiner Zukunft zu helfen.

Die Führungskraft, die in den Erfolg gestolpert ist, blickt im Nachhinein zurück und erfindet zehn Schritte, die ihn oder sie dorthin gebracht haben, und dann schreibt er oder sie ein Buch mit dem Titel *So erreichst du dein Ziel*. Ich habe ganz ehrlich nicht geplant, was ich Ihnen hier sagen will. Im Gegenteil, ich war genauso überrascht, wie Sie es sein werden, und bin einfach nur begeistert, dass es wirklich funktioniert hat.

Im Frühjahr 2016 trat ein Forscher namens Mike Peasley von der University of Memphis mit einem Vorschlag an mich heran.

Er wollte Menschen beim Durchführen meiner »30 Days of Hustle Challenge« beobachten, um herauszufinden, was funktioniert und was nicht. Er schrieb gerade an seiner Doktorarbeit und wollte die Ergebnisse seiner Studie veröffentlichen. In den darauffolgenden Monaten befragte er mehr als 850 Teilnehmer, um eine solide Basis realer Daten zu schaffen.

Das war eine neue Erfahrung für mich, denn bis dahin galt für mich die wunderbare Prämisse von 2003: »Denk dir aus, was immer du willst, um es ohne Fakten als Grundlage im Internet zu verbreiten.«

Was Mike herausfand, veränderte meine Einstellung radikal, was das Thema »etwas zu Ende bringen« betrifft, aber auch meine Arbeit an diesem Buch und sogar mein Leben.

Mike fand heraus, dass bei Menschen, die an der Challenge teilgenommen hatten, die Wahrscheinlichkeit, ein Ziel zu erreichen, im Vergleich zu vorher um 27 Prozent angestiegen war. Das war ermutigend, aber nicht wirklich überraschend. Wenn man 30 Tage lang kontinuierlich an etwas arbeitet, liegt es nahe, dass man besser darin wird.

Überraschend war für mich jedoch etwas, das uns allen auffallen sollte: Die Übungen, die den Teilnehmern deutliche Fortschritte brachten, waren jene, die den Druck reduzierten, jene, die den lähmenden Perfektionismus aufhoben, der die Menschen dazu bringt, ihre Ziele aufzugeben. Ob sie nun versuchten, um eine Kleidergröße abzunehmen, mehr in einem Blog zu veröffentlichen oder eine Gehaltserhöhung zu bekommen, das Ergebnis war immer dasselbe. Je weniger die Menschen das Perfekte anstrebten, desto produktiver wurden sie.

Es zeigte sich, dass die Antwort nicht darin liegt, sich mehr anzustrengen.

Sich abzurackern ist nicht die Lösung.

Aus Menschen, die ständig etwas Neues anfangen, können Menschen werden, die die Dinge konsequent fertigstellen.

Wir können etwas zu Ende bringen.

Geben Sie es zu, Sie dachten, dieses Buch sei so etwas wie eine Red-Bull-Anzeige. Ich würde Ihnen ein paar Tipps geben, Sie motivieren, Ihnen die schnellsten Abkürzungen und die besten Tricks zeigen und Ihnen helfen, immer mehr zu schaffen!

Und wie soll das funktionieren? Macht es irgendetwas besser, wenn man sich noch mehr anstrengt? Macht es Ihr Leben lebenswerter, wenn Sie noch mehr tun? Haben Ihnen die ganzen Tipps für mehr Produktivität, das ganze Zeitmanagement-Gerede auch nur irgendwie geholfen?

Das haben sie nicht und das werden sie auch nicht.

Wenn Sie etwas zu Ende bringen wollen, müssen Sie alles in Ihrer Macht Stehende tun, Ihren Perfektionsdrang von Anfang an loszuwerden. Sie müssen Spaß haben, Ihr Ziel halbieren, sich aussuchen, welches Ziel Sie angehen wollen, und ein paar weitere Dinge tun, mit denen Sie erst einmal nicht rechnen.

Ich war selbst total überrascht darüber, was ich bei meinen Recherchen herausfand: Die Methoden, wie man etwas wirklich zu Ende bringt, sind derart entgegen jeder Intuition, dass sie sich oft wie eine Abkürzung anfühlen. Sie werden das Gefühl haben, zu schummeln, oder dass das, was Sie tun, »nicht zählt«.

Bekommen Sie ein schlechtes Gewissen bei dem Wort »Abkürzung«? Erinnern Sie sich an den Coach, den Vorgesetzten oder Elternteil, der Ihnen sagte: »Im Leben gibt es keine Abkürzungen«?

Fein, dann versprechen Sie mir erst einmal, dass Sie aufhören, Google zu benutzen. Das nächste Mal, wenn Sie etwas wissen müssen, schreiben Sie der Kongressbibliothek einen Brief. Auf Papier. Mit einer Briefmarke, die Sie mit der Zunge anlecken müssen. Selbstklebende Briefmarken sind nämlich eine Abkürzung.

Im Wesentlichen ist es das, was die Gebrüder Wright tun mussten, als sie einen Ort suchten, wo sie ihre Flugzeuge testen konnten. Sie schrieben an den nationalen Wetterdienst in Washington, D.C., und fragten, wo im Land der Wind am stärksten ist. Ein Bürokrat recherchierte ein bisschen, stellte Berichte zusammen und schrieb den Brüdern dann zurück. Nachdem sie die Daten studiert hatten, entschieden sie sich für Kitty Hawk, North Carolina. Als Nächstes schrieben sie an den dortigen Leiter des Postamts, um herauszufinden, wie dieser vorgelagerte Inselstreifen wirklich beschaffen war. Dann warteten sie auf seine Antwort.[3]

Das ganze Verfahren dauerte ewig, zumindest nach unseren heutigen Standards, denn nun haben wir Abkürzungen.

Einen Anwohner von Martha's Vineyard nach einem guten Strand zu fragen, ist eine Abkürzung. (Nebenbei bemerkt: Die Antwort lautet »Fahren Sie nach Tashmoo«.)

Das Wi-Fi an Ihrem Laptop auszuschalten, wenn Sie sich auf etwas konzentrieren müssen, ist eine Abkürzung.

Wenn Sie es leid sind, Dinge anzufangen und dann nicht fertigzustellen, würde ich Ihnen gern ein paar Sachen zeigen. Alles fängt damit an, wie Sie mit dem wichtigsten Tag für jedes Ziel im Leben umgehen.

Kapitel 1

Der Tag nach »perfekt«

»Gut angefangen ist schon halb fertig« ist einer von meinen Lieblings-Motivationssprüchen, die schlichtweg nicht zutreffen. Der andere lautet: »Manchmal musst du einfach von der Klippe springen und dir auf dem Weg nach unten Flügel wachsen lassen.« Diesen sah ich auf dem Foto eines Wolfs, was mich verwirrte, da nach meiner begrenzten Kenntnis über das Tierreich noch nie einem Wolf Flügel gewachsen sind. Zum Glück. Sollten die Wölfe je herausfinden, wie man fliegt, dann war's das für uns.

Wir konzentrieren uns meistens viel zu sehr auf das Anfangen. Und während wir das tun, übersehen wir den einen Tag, der mehr Ziele zunichtemacht als jeder andere. Während meiner ersten 41 Lebensjahre habe ich von diesem Tag noch nie etwas gehört. Ich war genauso ahnungslos wie die fiktiven Personen, die immer noch an dem Strand leben, an dem *Der weiße Hai* gedreht wurde. Es hätte keinen *Der weiße Hai II* geben sollen. Dieser Film hätte einfach heißen sollen *Ein paar Küstenbewohner zogen nach Ohio, wo es keine Haie gibt.* Das passt möglicherweise nicht auf ein Schriftdisplay, aber wenigstens wären sie einer weiteren Hai-Katastrophe entgangen.

Trotz all der Arbeit, die wir in das Planen unserer Ziele investieren, trotz der neuen Laufschuhe und Diäten und Geschäftspläne, verpassen wir den wichtigsten Tag, jenen Tag, der der Grund dafür ist, warum ich keine schwarzen Bohnen mehr bei Costco kaufen darf.

Das Geschäft würde mich lassen, es ist keine Managemententscheidung, obwohl ich das Verteilen von Gratisproben ausnutze.

Einmal verteilten sie Oreos – für die sieben Amerikaner, die diese Kekse noch nie gegessen hatten. Das Gespräch mit den Mitarbeitern, die sie verteilten, war seltsam, da ich meinte, so tun zu müssen, als hätte ich noch nie davon gehört. »Wie heißen die? Ein Schokoplätzchen-Sandwich? Nein? ›Oreo‹ heißen die? Habe ich das richtig ausgesprochen? Wie skurril!«

Der Grund, warum ich keine schwarzen Bohnen kaufen kann, besteht darin, dass sie nur palettenweise verkauft werden. Man kann nicht nur eine Dose kaufen, man muss 1000 nehmen.

Das sind eine Menge Bohnen, aber mindestens einmal im Jahr bilde ich mir ein, so viele zu brauchen.

Beim Sporttreiben entscheide ich mich, »Ernst zu machen«. Ich erinnere mich, dass Timothy Ferriss in seinem Buch *Der 4-Stunden-Körper* ein einfaches Frühstück aus Eiern, schwarzen Bohnen, Spinat, Kreuzkümmel und Salsa empfiehlt. Wenn meine Familie sieht, wie ich den Küchenschrank nach schwarzen Bohnen durchforste, stöhnen alle. »Oh nein, jetzt geht das schon wieder los!«[4]

Sie wissen, dass ich an den kommenden zwölf Tagen schwarze Bohnen essen werde.

Wieso nur zwölf? Weil ich an Tag 13 zu beschäftigt sein werde, ein Meeting habe oder ohne meine Bohnen auf Geschäftsreise sein werde. Und weil ich einen Tag ausgelassen habe, beende ich dann das ganze Unterfangen.

Ist die Kontinuität erst einmal unterbrochen, kann ich sie nicht wieder aufnehmen. Meine Bilanz ist nun nicht mehr perfekt, also höre ich ganz damit auf. Das ist eine erstaunlich weitverbreitete Reaktion auf Fehlleistungen.

Wenn Sie Menschen danach fragen, warum sie ihre Ziele aufgeben, dann verwenden alle ähnlichen Formulierungen.

»Ich geriet in Verzug und kam dann nicht mehr in die Spur.«

»Mir kam etwas dazwischen, und dann bin ich von meinen Plänen abgekommen.«

»Das Projekt ist gleich zu Anfang schiefgelaufen, und dann war schon zu viel kaputt, um es wieder in Ordnung zu bringen.«

Der Wortlaut mag ja unterschiedlich sein, aber sie wiederholen alle das Gleiche: »Als es aufhörte, perfekt zu sein, habe auch ich aufgehört.«

Sie haben einen Tag lang Ihre Diät nicht eingehalten und daraufhin entschieden, dass die ganze Sache sowieso dämlich sei.

Sie waren an einem Vormittag zu sehr beschäftigt, um zu schreiben, also haben Sie Ihr unvollendetes Buch wieder zurück in die Schublade gelegt.

Sie haben einen Beleg verloren und deshalb Ihr Budget für diesen Monat gar nicht mehr eingehalten.

Ich hacke nicht auf Ihnen herum, weil Sie sich dem Perfektionismus beugen. Ich bin dem selbst schon so oft zum Opfer gefallen. Im Februar bin ich stolze 120 Kilometer gelaufen. Im März waren es 114 und im April 117. Wissen Sie, wie viele Kilometer ich im Mai gelaufen bin? Zwölf. Ahnen Sie, wie viele es im Juni waren? Drei.

Warum? Als meine perfekte Trainingssträhne auf eine Straßensperre traf, hörte ich auf.

Dies ist die erste Lüge, die der Perfektionismus Ihnen im Hinblick auf Ziele auftischt: Hören Sie auf, falls es nicht perfekt ist.

Das Geniale an dieser ersten Lüge ist ihre Subtilität. Es heißt nicht »*wenn* es nicht perfekt ist«, denn das würde auf die Realität hinweisen, dass es das nicht sein wird. Nein, der Perfektionismus sagt Ihnen, »*falls* es nicht perfekt ist«, als hätten Sie die Chance, die ganze Distanz zu schaffen und mit der Inschrift »100 Prozent« auf Ihrem Grabstein beerdigt zu werden.

Das beunruhigt uns, weil wir keine Zweier- und Dreier-Noten wollen, wenn wir ein Ziel haben. Wir wollen glasklare Einsen, vor allem, wenn es sich um ein Ziel handelt, über das wir eine Weile nachgedacht haben. Wir werden die ganze Sache sofort aufgeben, wenn wir irgendeinen Fehler oder eine Unvollkommenheit in unserer Leistung entdecken. Mehr noch, wir werden sogar schon im Vorfeld aussteigen, bevor wir auch nur angefangen haben.

Aus diesem Grund wollen viele Menschen kein neues Ziel angehen. Lieber akzeptieren sie 0 statt 50 Prozent. Sie halten »perfekt« für den einzigen Standard, und wenn sie den nicht erreichen können, machen sie nicht einmal den ersten Schritt. Ein düsteres Gefühl von »Was soll es bringen?« legt sich auf sie wie dichter Nebel. Wenn ich es gar nicht erst versuche, kann ich auch nicht scheitern.

Bei der Recherche für dieses Buch befragte ich 1000 Menschen in einer Online-Umfrage, ob sie sich je geweigert haben, eine Idee überhaupt aufzuschreiben, weil sie diese für nicht gut genug befanden. Ich dachte, dass ich möglicherweise der Einzige sei, der einen Perfektionsfilter besitzt, der Ideen aussortiert, noch bevor es diesen überhaupt gestattet wird, aufs Papier zu kommen. Mehr als 97 Prozent der Teilnehmer antworteten, dass sie dies bereits getan hätten.

Ich weiß nicht, wie ich es Ihnen sagen soll, aber Ihr Ziel wird nicht perfekt sein. Ich sage es Ihnen ja nur ungern, aber Sie werden scheitern. Möglicherweise auf ganzer Linie. Vielleicht von Anfang an. Eventuell stolpern Sie bereits an der Startlinie.

Das ist in Ordnung.

Wieso? Warum ich Sie ermutige, Unvollkommenheit zu akzeptieren? Nun, zum einen wird es Sie nicht umbringen, etwas Unvollkommenes zu tun.

Das denken wir zwar, weshalb wir unseren mangelnden Fortschritt mit einem Zugunglück vergleichen. »Ich bin aus der Spur gekommen, und meine Pläne waren nur noch Schrott.« Ein Zugunglück ist ein schwerer, schlimmer Unfall. In vielen Fällen sterben Menschen, es kommt zu Sachschaden im sechsstelligen Bereich und die Reparaturen dauern Tage oder gar Wochen.

Wissen Sie, was passiert, wenn Sie einen Tag lang Ihr Ziel verfehlen? Nichts davon.

Niemand stirbt. Es kostet keine 400 000 Dollar, wieder in die Spur zu kommen. Das Ausbessern dauert keine vier Wochen.

Und zum Zweiten: Wer es schafft, die Unvollkommenheit zu tolerieren, hat damit die entscheidende Voraussetzung, sich vom notorischen Neuanfänger in einen konsequenten Fertigsteller zu verwandeln. Notorische Neuanfänger geben am Tag nach »perfekt« auf. Was soll es bringen? Die Kurve des Erfolgs ist eingebrochen. Besser, sich im Versagen zu suhlen. Gestern Abend habe ich etwas Ungesundes gegessen. Dann kann ich genauso gut auch heute etwas Ungesundes zum Frühstück, Mittag- und Abendessen zu mir nehmen.

»*Might as well*«, zu Deutsch »Dann kann ich genauso gut« ist eine der gefährlichsten Formulierungen in der englischen Sprache. Oder auf Polnisch, denn aus irgendeinem Grund werden meine Bücher in der Regel zuerst in diese Sprache statt ins Spanische übersetzt. Ich hab es drauf in Krakau.

»Dann kann ich genauso gut« wird nie bei etwas Gutem verwendet. Es heißt nie »Dann kann ich genauso gut all diesen Waisenkindern helfen« oder »Dann kann ich genauso gut etwas Gesundes in diesem Gemeinschaftsgarten pflanzen«. Für gewöhnlich ist es die weiße Flagge der Kapitulation. »Ich habe ein Pommes gegessen, dann kann ich genauso gut 1000 essen.«

Das ist die Art von Dingen, die wir am Tag nach »perfekt« sagen, und dieser Tag ist schwierig.

Wissen Sie, an welchem Tag die Menschen ehrfahrungsgemäß am ehesten aus der »30 Days of Hustle Challenge« aussteigen? Die meisten tippen auf Tag 23 oder Tag 15, aber damit sind sie noch nicht einmal nah dran.

Es ist Tag 2, an dem die meisten abbrechen. Richtig gehört, der Tag, an dem die meisten Leute aufhören, ihre E-Mails mit den Übungen zu öffnen, ist Tag 2. Warum dieser Tag? Weil Unvollkommenheit nicht lange braucht, um aufzutauchen. Sie haben bestimmt schon mal an einem Montagmorgen an Ihrem Schreibtisch gesessen und gedacht: »Es ist 9 Uhr. Wie kann ich jetzt schon derartig hinterherhinken? Wie kann die ganze Woche jetzt schon ruiniert sein?«

Unvollkommenheit ist schnell, und wenn sie auftaucht, kapitulieren wir für gewöhnlich.

Deshalb ist der Tag nach »perfekt« so wichtig.

Es ist der entscheidende Tag für jedes Ziel. Dies ist der Tag, an dem Sie das Joggen haben ausfallen lassen. Dies ist der Tag, an dem Sie es nicht geschafft haben, früh aufzustehen. Dies ist der Tag, an dem Sie entschieden haben, dass eine ganze Schachtel Krispy-Kreme-Donuts als ein Donut zählt.

Der Tag nach »perfekt« trennt diejenigen, die etwas zu Ende bringen, von denen, die ständig etwas Neues beginnen.

Ein Ziel zu erreichen gleicht weniger einer Zugfahrt übers Land, sondern ist eher wie eine Fahrt mit einem Autoskooter. An manchen Tagen werden Sie ohne Zusammenstöße Ihre Bahnen ziehen. Nichts stellt sich Ihnen in den Weg, und für ein paar kurze Augenblicke fühlt sich dieser Autoskooter wirklich schnell an. An anderen Tagen kracht Ihnen völlig überraschend etwas in die Seite, mit dem Sie niemals gerechnet hätten. Oder Sie bleiben in einem Knäuel anderer Skooter stecken, regen sich wahnsinnig darüber auf und kommen sich vor, als hätten Sie fünf Rückschritte gemacht.

All das wird passieren.

Sie werden nicht perfekt sein, aber wissen Sie, was noch wichtiger ist als Perfektion? Wissen Sie, was Ihnen sehr viel länger dienen kann, als es der Perfektionismus je könnte?

Einfach weiterzumachen, obwohl es nicht vollkommen ist.

Widersetzen Sie sich der Vorstellung, dass der Tag nach »perfekt« bedeutet, dass Sie gescheitert sind.

Das ist nicht wahr.

Sie müssen es einfach nur noch mal versuchen.

Heute, morgen, nächste Woche.

Leider stirbt der Perfektionismus nur langsam. Er ist hartnäckig und besonders gefährlich, weil er sich als Spitzenleistung verkleidet. Manche Leser haben sich bei diesem Kapitel schon unwohl gefühlt, weil sie glauben, das Gegenteil von »perfekt« sei Scheitern. Ist es nicht. Das Gegenteil lautet »erledigt«.

Das sind die Türen, vor denen wir in diesem Buch und in unserem Leben stehen. Eine trägt die Aufschrift ERLEDIGT, und sie führt zu unzähligen Abenteuern, Möglichkeiten und Geschichten.

Auf einer anderen steht PERFEKT, und dahinter ist nur eine dicke Mauer aus Frustration, Scham und unerfüllten Hoffnungen.

Das Schlimmste an dieser Situation ist, dass es sich schrecklich anfühlt, Ziele anzugehen und sie nie zu erreichen.

Wenn Sie sich ein Ziel setzen, dann geben Sie sich ein Versprechen. Sie wollen ein paar Pfund abnehmen. Sie wollen einen Schrank entrümpeln. Sie wollen einen Blog ins Leben rufen. Sie wollen einen alten Freund anrufen. In dem Moment, in dem Sie sich das Ziel setzen, leisten Sie stillschweigend ein Versprechen. Wenn Sie das Ziel dann nicht umsetzen, haben Sie dieses Versprechen gebrochen. Sie haben die Person belogen, mit der Sie die meiste Zeit verbringen: sich selbst.

Wenn Sie genügend Versprechen brechen, beginnen Sie, an sich zu zweifeln. Das ist nicht überraschend. Wenn sich jemand mit Ihnen bei einem Dutzend unterschiedlicher Gelegenheiten auf einen Kaffee verabredet hat und dann nie aufgetaucht ist, werden Sie dem Betreffenden nicht trauen. Wenn ein Elternteil versprochen hat, Sie nach dem Fußballtraining abzuholen, und es nicht tut, verlieren Sie das Vertrauen in diese Person. Wenn Ihr Chef Ihnen eine Beförderung zugesagt hat und diese dann Monat für Monat nicht umsetzt, hören Sie auf, diesem Vorgesetzten zu glauben.

Warum werfen so viele Menschen ihre guten Vorsätze fürs neue Jahr über Bord? Weil sie das auch im vergangenen Jahr getan haben, und im Jahr davor und im Jahr davor. Wenn Sie häufig genug abbrechen, dann ist das Abbrechen nicht mehr nur eine Möglichkeit, wenn Sie sich ein neues Ziel setzen, sondern es wird zu Ihrer Identität, und das fühlt sich schrecklich an.

Menschen erinnern sich an nicht verwirklichte Ziele besser als an erreichte. Ihre Unfähigkeit, etwas loszulassen, dieses Gefühl, dass etwas Unvollendetes an Ihnen nagt, ist nicht nur ein Gefühl. Es ist ein Sprung in einer Schallplatte, ein Schlagloch in der Straße, die nagende Erinnerung an einen Vorgang, den Sie nicht abgeschlossen haben. So ergeht es uns allen, wenn wir uns Ziele setzen und dann das Leben dazwischenfunken lassen.

Umgekehrt ist es das beste Gefühl der Welt, etwas fertigzubringen. Ein Start mit Entschlossenheit erzeugt eine vorübergehende Euphorie, aber das ist nichts im Vergleich zum tatsächlichen Fertigstellen. Sie werden die Medaille aufbewahren, wenn Sie Ihren ersten Fünf-Kilometer-Lauf durchgezogen haben. Es interessiert Sie nicht einmal, wie lange Sie für die Strecke gebraucht haben. Sie haben die Ziellinie überquert, und das war jeden Tag des Trainings wert. Ihr Diplom, der erste Dollar, den Sie mit Ihrer eigenen Firma verdient haben, die Visitenkarte, auf der »Partner« steht – ob groß oder klein, die Größe des Erreichten spielt keine Rolle. Sie haben es geschafft, und das ist ein wunderbares Gefühl.

Das Problem ist, dass der Perfektionismus Ihre Fehler aufbauscht und Ihren Fortschritt minimiert. Er glaubt nicht an einen Erfolg in kleinen Schritten. Perfektionismus betrachtet Ihr Ziel als Kartenhaus. Wenn nur eine Karte nicht richtig steht, fällt das ganze Haus zusammen. Der kleinste Fehler bedeutet, dass das gesamte Vorhaben ruiniert ist.

Der Perfektionismus vermiest die Sache auch dadurch, dass Ziele zu hoch gesteckt werden. Es gibt bestimmt Tausende von Gründen, warum 92 Prozent aller Vorsätze scheitern, aber einer der wichtigsten ist auch einer der irreführendsten.

Wenn wir uns ein Ziel setzen, streben wir nach etwas Besserem. Wir wollen besser aussehen. Wir wollen uns besser fühlen. Wir wollen besser sein. Aber dann verwandelt sich »besser« in »das Beste«. Wir wollen kein geringes Wachstum. Wir wollen gewaltigen Erfolg über Nacht.

Wer will fünf Kilometer laufen, wenn es einen Marathon gibt? Wer will die Gliederung für ein Buch schreiben, wenn man eine Trilogie über die Liebesgeschichte von Werwölfen aus dem All schreiben kann (Titel: *Blutige Leidenschaft bei Vollmond*)? Wer will 10 000 Dollar verdienen, wenn es 100 000 sein können?

Bei der Suche nach Beispielen aus dem wahren Leben befragte ich Freunde auf Facebook über Perfektionismus. Einer beschrieb es so: »Ich starte mit der Überzeugung, dass ich es schaffen kann.

Dann werde ich ganz aufgeregt und beginne zu träumen. Anfangs bin ich zuversichtlich und glaube zu wissen, was ich tue. Dann werden meine Träume größer. Dann will ich Perfektion. Und ganz plötzlich fühle ich mich unfähig, diesen Job zu erledigen, weil ich nicht weiß, wie ich es auf diesem Niveau schaffen soll. Dann sterben die Träume, und das Ziel ist vergessen. Und das alles passiert nur in meinem Kopf. Ich habe nie etwas tatsächlich angefangen.«

Wenn Sie nicht von Natur aus versucht sind, so zu denken, dann wird Sie der größte Teil unserer »Verfolge deine Träume, erreiche deine Ziele«-Literatur in diese Richtung leiten.

Einer der Autoren für Motivationsbücher ermutigt die Leser, sich einen Film vorzustellen, »in dem Sie das, was auch immer Sie besser machen wollen, perfekt umsetzen«. Da ist dieses Wort »perfekt«. Sie sollen sich einen Film vorstellen, in dem Sie etwas wieder und wieder perfekt machen. An einem Punkt kriechen Sie sogar in Ihren Film, um das Gefühl von Perfektion richtig zu spüren. Nachdem Sie sich Ihren Film angesehen haben, werden Sie angewiesen, die Vorstellung einzuschrumpfen »auf die Größe eines Crackers«.[5]

Als ich diesen Teil der Anweisungen zum ersten Mal las, dass ich mein Ziel in einen fiktiven perfekten Cracker verwandeln soll, habe ich an meinem Schreibtisch laut losgelacht. Ich ahnte, wie das weitergehen würde, und ich wurde nicht enttäuscht.

»Führen Sie diesen Minibildschirm dann zu Ihrem Mund, kauen Sie ihn und schlucken Sie ihn hinunter.«

Sollten Sie sich je gefragt haben, warum Sie sich mit Motivationstipps schwertun, dann denken Sie an den Traumcracker, den Sie essen sollen, um Ihre Träume zu verwirklichen.

Je mehr Sie sich anstrengen, perfekt zu sein, desto unwahrscheinlicher wird es, dass Sie Ihre Ziele umsetzen werden.

Mir ist klar, dass sich das verkehrt anfühlt, aber es ist genau das, was die Forschung immer wieder sagt.

Ich wünschte, das würde genügen, um diesen allgegenwärtigen Dämon zum Schweigen zu bringen, aber Perfektionismus lässt sich nicht so leicht überwinden. Er ist sehr viel hartnäckiger. Er gräbt sich tiefer in unser Unterbewusstsein und lässt sich nicht so einfach entfernen.

Im Verlauf dieses Buches werden wir immer wieder auf den Perfektionismus als unseren ultimativen Bösewicht zurückkommen.

Der Perfektionismus wird alles tun, um Sie scheitern zu lassen, wenn Sie an einem Ziel arbeiten. Bei jeder Wendung wird er Sie vors Schienbein treten, Ihr Essensgeld für die Mittagspause stehlen und Sie mit Zweifeln erfüllen.

Woher ich das weiß? Weil er genau das mit mir gemacht hat und auch mit allen die ich kenne.

Aber das ist in Ordnung, denn wir wissen etwas, was die meisten Menschen nicht wissen.

Tag 1 ist nicht der wichtigste Tag eines Ziels.

Es ist der Tag nach »perfekt«, und nun sind wir bereit für ihn.

Manchmal wird es schmerzhaft und unbequem sein, aber wenn Sie lernen, dieses kleine Unbehagen auszuhalten, werden Sie es schaffen, über den Tag nach »perfekt« hinaus motiviert zu bleiben. Sie werden in der Lage sein, das Versprechen zu halten, das Sie sich selbst gegeben haben. Und Sie werden Ihr Vorhaben zu Ende bringen.

Kapitel 2

Halbieren Sie Ihr Ziel

Als ich neu auf dem College war, wollte ich ins Footballteam. Ein sinnvolles Unterfangen, in Anbetracht meiner zarten Statur von 1,70 Meter. Man kann einen Tiger eben nicht vom Dschungel fernhalten.

Ich entschied, Field-Goal-Kicker zu werden. In einem Sportgeschäft kaufte ich mir einen Ballständer und einen Football. Mitten in der Nacht wollte ich mich ins Stadion von Birmingham, Alabama, schleichen, und dort Schüsse üben.

Hatte ich je ein Field-Goal geschossen? Nein. Hatte ich einen einzigen Spielzug im Football geschafft? Nein. Habe ich während meines nächtlichen Privattrainings je ein Field-Goal erzielt? Ebenfalls nein.

Warum denke ich also, ich könnte als Field-Goal-Kicker für ein Division-I-College-Team infrage kommen, das hin und wieder gegen Teams wie Auburn spielte?

Weil ich verrückt bin.

Das war ein total irres Ziel.

Sie sind nicht so verrückt wie ich, aber auch Sie neigen vermutlich dazu, mit Ihren Zielen ein bisschen zu übertreiben.

Wir alle stecken unsere Ziele am Anfang viel zu hoch, und der Grund dafür ist einfach.

Perfektionismus.

Auf dem Weg zu einem Ziel wird der Perfektionismus richtig schwatzhaft. Zunächst sagt er Ihnen, dass Sie es nicht schaffen werden, etwas perfekt zu machen, und es deshalb am besten ist, gar nicht erst anzufangen. Es sei sehr viel besser, jetzt aufzugeben, als all die Zeit zu verschwenden und dann doch zu scheitern.

Der Perfektionismus kommt mit einer langen Liste von Gründen daher, warum Sie nicht anfangen sollten. Sie sind zu alt. Sie sind zu jung. Sie haben zu viele Ziele und wissen nicht, auf welches Sie sich konzentrieren sollen. Sie haben nicht genug Geld oder Unterstützung. Jemand anderer hat bereits genau das gemacht, was Sie vorhaben. Jemand, der cleverer ist und sich besser durchsetzen kann.

Sollten Sie dieses Eingangsbombardement ignorieren und loslegen, schlägt der Perfektionismus einen völlig anderen Ton an. Jetzt sagt er Ihnen, dass Sie es perfekt machen müssen. Nichts anderes sei akzeptabel.

Das Brillante an dieser »Mach es perfekt«-Taktik ist, dass sie logisch klingt. Wenn Sie es schon tun wollen, sollte es dann nicht umwerfend sein? Sollte es nicht herausragend sein?

Ganz oder gar nicht.

Nun sind wir auf die zweite Lüge des Perfektionismus gestoßen: Ihr Ziel sollte größer sein.

Wir geraten in Euphorie, und je größer das Ziel, desto größer ist die anfängliche Aufregung, die wir bei dem Gedanken daran verspüren. Aber heute werde ich Sie auffordern, das Gegenteil zu tun. Ich möchte, dass Sie Ihr Ziel halbieren.

Ich sage Ihnen nicht, dass Sie weniger tun sollen – diese Vorgehensweise wird Ihnen sogar helfen, mehr zu tun.

Denken Sie einmal auf folgende Weise darüber nach. Am Anfang, wenn unsere Begeisterung durch die Decke schießt, glauben wir, unsere Leistung müsse genauso gut sein. Aus diesem Grund werden mir Leute, die bisher noch nicht einmal eine 100-Meter-Strecke gelaufen sind, erzählen, warum sie vorhaben, an einem Marathon teilzunehmen. Ich frage sie dann freundlich: »Sind Sie schon einmal einen Halbmarathon gelaufen? Oder die Fünf-Kilometer-Strecke? Wie sieht es mit einem Kilometer aus? Sind Sie jemals auch nur einen Kilometer am Stück gelaufen? Haben Sie sich eine von diesen winzig kleinen Medaillen geholt?«

Die Antwort lautet jedes Mal »Nein«, sie sind keine dieser Distanzen je zuvor gelaufen, aber sie bestehen darauf, an einem Marathon teilzunehmen.

Haben Sie sich schon einmal gefragt, warum 92 Prozent aller Menschen an ihren Zielen scheitern?

Weil wir dazu neigen, uns Ziele zu setzen, die grotesk optimistisch sind.

Wissenschaftlich bezeichnen wir das als »Planungsfehlschluss«, ein Begriff, der erstmals von Daniel Kahneman und Amos Tversky vorgeschlagen wurde.[6] Sie beschrieben dieses Problem als »ein Phänomen, bei dem Vorhersagen darüber, wie viel Zeit notwendig ist, um eine zukünftige Aufgabe fertigzustellen, eine optimistische Verzerrung und Unterschätzung der tatsächlich benötigten Zeit aufweisen«.

Eine Studie nach der anderen hat bestätigt, dass wir geneigt sind, dem Planungsfehlschluss zum Opfer zu fallen. Eines meiner Lieblingsbeispiele drehte sich um Psychologiestudenten, die ihre Abschlussarbeiten schreiben wollten.

Der Psychologe Roger Buehler bat die Studenten, zu schätzen, wie lange sie für die Fertigstellung ihrer Abschlussarbeiten bräuchten. Dabei sollten sie einerseits schätzen, wie lange sie bräuchten, »wenn alles so gut liefe wie nur möglich«, und auch, »wenn alles so schlecht liefe wie nur möglich«. Im Schnitt nahmen die Studenten an, dass sie 34 Tage brauchen würden. Tatsächlich brauchten sie jedoch 56 Tage, also fast doppelt so lange.[7]

Das wirklich Interessante hierbei ist, dass nicht einmal die Hälfte der Studenten mit ihrem Worst-Case-Szenario richtiglag. Nicht einmal wenn sie einkalkulierten, dass schiefgehen würde, was nur schiefgehen konnte, schätzten sie richtig.

In allen Bereichen der Zielsetzung können Sie den Planungsfehlschluss seinen hässlichen Kopf recken sehen. Im Alter von 23 Jahren entschied sich ein Freund von mir, etwas Großes auszuprobieren. Was das Laufen anbelangte, hatte er bisher lediglich auf dem Laufband oder beim Fußballspielen mit Freunden auf dem Bolzplatz Erfahrungen gesammelt. Er schwamm höchstens ein- oder zweimal im Monat ein paar Bahnen im Pool, und außer auf den festmontierten Fahrrädern im Fitnesscenter war er nie Rad gefahren. Und wozu entschloss er sich in diesem Moment? Beim nächsten 70,3-Meilen-Ironman in San Antonio, Texas, teilzunehmen.

»Mir blieben acht Monate für die Vorbereitung, also begann ich sofort mit der Planung meines Trainingsprogramms. Da ich sowieso schon jeden Tag ins Fitnessstudio ging, dürfte es ja nicht schwer sein, mehr Zeit mit Laufen/Schwimmen/Radfahren zu verbringen, oder? Ich erstellte einen Plan, war bereit loszulegen – und ging nie wieder ins Fitnessstudio.«

Das Erstaunliche daran ist, dass das Ziel sogar noch das vernichtet hat, was er bereits machte. Bevor dieses gewaltige Ziel auftauchte, ging er regelmäßig ins Fitnessstudio. Er gab nicht nur die Teilnahme an dem Wettkampf auf, sondern auch alles, was er bereits machte. So zerstörerisch ist ein falsch dimensioniertes Ziel.

Es widerspricht zwar all den kitschigen Sprüchen auf Motivationspostern mit Bergen und Wasserfällen, aber: Wer zu groß träumt, verbaut sich damit die Verwirklichung dieser Träume.

Genau das werden Ihnen die Daten sagen.

An Tag 9 meiner »30 Days of Hustle« bat ich die Teilnehmer, ihr Ziel zu halbieren, und das lege ich auch Ihnen nahe. Meine Theorie bestand darin, dass Menschen, vor allen Dingen notorische Neuanfänger wie Sie und ich, überschätzen, was sie in einem bestimmten Zeitraum erreichen können. Wenn es ihnen aber nicht gelingt, das gewaltige Ziel zu erreichen, werden sie entmutigt, was sie wiederum dazu bringt, ihr Vorhaben abzubrechen und nie zu beenden.

Wenn Ihr Ziel zum Beispiel darin besteht, zehn Pfund abzunehmen, Sie aber nur acht Pfund verloren haben, dann sind Sie gescheitert, weil Ihnen zwei Pfund fehlen. Die meisten von uns glauben dem alten Spruch »Ziele nach dem Mond. Selbst wenn du ihn verfehlst, wirst du zwischen den Sternen landen«. Aber so läuft es im echten Leben nicht. Die Alles-oder-nichts-Mentalität des Perfektionismus sagt uns, dass knapp daneben eben auch vorbei ist. Die Sterne sind nicht gut genug.

Sie haben nun ein Meer voller Anreize, Ihr Ziel aufzugeben. Aber wenn Sie Ihr Ziel auf fünf Pfund halbiert und dann acht Pfund verloren hätten, würden Sie wegen des anfänglichen Sieges sehr wahrscheinlich weitermachen. Sie hätten in beiden Fällen dieselbe Menge abgenommen, aber die eine Vorgehensweise garantiert beinahe, dass Sie Ihr ursprüngliches Ziel erreichen und es weiter versuchen.

»Halbieren Sie Ihr Ziel« gehört nicht zu den Dingen, die Sie an die Wand von Fitnessstudios geschrieben finden. Es fühlt sich an wie Betrug, aber es funktioniert.

Als Mike Peasley mir seinen Bericht über die »30 Days of Hustle« schickte, stach ein Ergebnis hervor: Die Teilnehmer, die ihr Ziel halbiert hatten, steigerten ihre Leistung gegenüber früheren Herausforderungen im Schnitt um über 63 Prozent.

Nicht nur das, 90 Prozent der Teilnehmer, die ihr Ziel halbierten, sagten, sie hätten einen gesteigerten Wunsch, an ihrem Ziel zu arbeiten, es ermutigte sie, weiterzumachen, und es motivierte sie, sich noch mehr anzustrengen, weil das Ziel erreichbar schien.

Die Teilnehmer, die die »Abkürzung« nahmen, schlossen ihr Projekt ab.

Aber Sie müssen sich nicht nur auf meine Aussagen verlassen. Hier folgen nun Berichte von Menschen, die so real sind wie Sie und ich und die diese Vorgehensweise ausprobiert haben.

Ich schrieb täglich in meinem Blog 30 neue Posts mit 300+ Wörtern. Ich halbierte mein Ziel, um täglich 100+ Wörter zu schreiben. Und ich war MEGA. An 28 von 30 Tagen schrieb ich 300+ Wörter für meinen Blog, an den anderen Tagen schrieb ich 100+ Wörter. Das Ziel bestand darin, zu schreiben, und ich habe geschrieben!

Ich übernehme mich immer. Ich bin froh, dass Sie das Ziel halbiert haben. Mein Ziel wurde bestimmt viermal umge-

stellt, weil es viel Zeit in Anspruch nahm, die nicht zur Ver-
fügung stand. ALSO, obwohl ich mein ursprüngliches Ziel
nicht erreicht habe, bin ich einen Schritt weiter als noch vor
einem Monat. Ich mache mich nun an die nächste Phase
meines Ziels und fühle mich, als hätte ich dafür die richtigen
die Werkzeuge.
Ich habe sechs Pfund verloren! Erhofft hatte ich zehn, aber
seit ich mein Ziel halbiert habe, kann ich es erreichen und
habe es sogar übertroffen! Auf zu den nächsten 30 Tagen!

Erkennen Sie, was in all diesen Fällen passiert ist? Die Leute habe ihr Ziel halbiert, sich trotzdem großartig geschlagen und, noch
wichtiger, sind begierig, weiterzumachen. Das ist der Schlüssel. Die
meisten Menschen werden diese Herangehensweise für schwach
halten, aber eine knallharte Zielsetzung, die Sie dazu zwingt, sich
zu übernehmen, beziehen einen wichtigen Begriff nicht mit ein:
»Schritttempo«.

Der Weg zum Ziel ist ein Marathon und kein Sprint. Wenn ich
Sie dazu bringen kann, jeden Monat ein bisschen zu tun und dadurch nur ein Stück voranzukommen, werden Sie sehr viel wahrscheinlicher nächsten Monat ein bisschen mehr tun und noch weiter vorankommen. Im Verlauf eines Jahres oder sogar Lebens wird
diese Vorgehensweise die »Gib einen Monat lang alles«-Methode
schlagen. Diese endet nämlich in der Regel auf eine der beiden folgenden Arten: 1. Sie erreichen Ihr Ziel nicht und geben auf, oder
2. Sie erzielen einen Treffer und sind so ausgelaugt, dass Sie nicht
weitermachen.

Der beste Beweis, dass eine gemäßigte Vorgehensweise funktionieren kann, ist der letzte Satz des zuvor zitierten Teilnehmers:
»Auf zu den nächsten 30 Tagen!«

Und wenn Sie es nicht halbieren können?

Was ist, wenn Sie 50 000 Dollar Kreditkartenschulden begleichen müssen? Wenn das nun Ihr Ziel ist und der Gedanke, den Betrag zu halbieren und erst einmal »nur« 25 000 Dollar zu bezahlen, Ihnen leichte Übelkeit verursacht? Oder auch starke?

Manche Ziele lassen sich nur schwer halbieren. Bei diesen sollten Sie es auch nicht tun; geben Sie sich stattdessen mehr Zeit. Wenn Sie Bedenken wegen des gesetzten Zeitrahmens haben, in dem Sie die Schulden zurückzahlen wollen, was könnte schlimmstenfalls passieren? Sie würden ein paar mehr Zinsen zahlen, aber dennoch Ihre Schulden abbauen. Denken Sie daran, wir wollen gegen das Abbrechen angehen. Die Optionen, über die wir momentan sprechen, lauten nicht: 1. Perfekt vollenden, oder 2. Das Ziel halbieren. Das sind nicht die Alternativen, die wir abwägen. Die Optionen lauten vielmehr: 1. Das Ziel aufgeben, weil es zu groß ist. Oder 2. Es halbieren und erreichen. Ich werde versuchen, Sie nicht zu den 92 Prozent gehören zu lassen, die scheitern.

Und wenn das bedeutet, über Ihren Zeitrahmen hinauszugehen, dann sollten Sie das tun.

Diese beiden Vorgehensweisen, das Ziel zu halbieren oder den Zeitrahmen zu verdoppeln, können auf die meisten Ziele angewandt werden.

Wenn Ihr Ziel darin besteht, Medikamente einzunehmen oder etwas Lebenserhaltendes zu tun, dann halbieren Sie das natürlich auf gar keinen Fall. Oder wenn es darum geht, Kollegen keine Ohrfeige zu geben, dann sollten Sie nicht dazu übergehen, nur halb so viele Kollegen zu ohrfeigen, wie Sie gerne würden. Wenn Sie sich auf ein Rennen vorbereiten und einen straff organisierten Trainingsplan haben, dann sollten Sie diesen respektieren. Ein Wettkampfplan passt nicht in dieses Konzept, weil Ihr wohlüberlegter, von einem Experten erstellter Plan Sie bereits davor bewahrt, Ihr Ziel zu hoch zu stecken.

Welchen Einfluss hat die Halbierungsregel auf Ziele im Job?

Wenn Sie im Job Ziele haben, die Ihr Chef Ihnen genannt hat, funktioniert das Konzept des Halbierens von Zielen möglicherweise nicht. Es ist unrealistisch, zu glauben, dass Sie die Macht haben, all Ihre Jahresziele zu halbieren. Dem stimme ich zu. Aber wenn es um Unternehmensziele geht, über die Sie keine Kontrolle haben, legt die Forschung nahe, dass reduzierte Ziele langfristig besser funktionieren, und gibt Ihnen die Munition, das richtige Ziel an die erste Stelle zu setzen.

Ich habe einmal bei einem Unternehmen gearbeitet, das 20 Jahre brauchte, um auf der Basis eines großartigen Produktes einen Jahresgewinn von 5 Millionen Dollar zu erwirtschaften. In einem Jahr entschied die CEO, dass das neue Unternehmensziel darin bestehe, weitere 5 Millionen Dollar in fünf Jahren mit einem brandneuen, nicht erprobten Produkt einzufahren. Alle lächelten, als sie diese aggressive neue Initiative im Sitzungszimmer vorstellte, aber im Pausenraum erfahren Sie eher die Wahrheit über ein Unternehmen.

Alle wussten, dass es unmöglich war – nicht nur unerreichbar, sondern unverantwortlich und übertrieben. Es würde Ressourcen erfordern, uns von den realen Zielen ablenken und letztlich sang- und klanglos im Sande verlaufen. Genau das passierte. Nach einem enttäuschenden Jahr wurde das Ziel optimiert, verändert und schließlich aufgegeben.

Nur wenige Dinge demoralisieren eine Belegschaft so wie eine Führungskraft, die ein unrealistisches Ziel vorgibt. Wenn Sie denken, es sei demoralisierend, ein Versprechen an sich selbst zu brechen, dann stellen Sie sich diese Enttäuschung einmal multipliziert mit 100 oder 1000 Mitarbeitern vor.

Wie können Sie die 50-Prozent-Regel auf Ziele im Job anwenden? Indem Sie sicherstellen, dass diese Ziele von Anfang an die richtige Größe haben. Aber wie stellen Sie das an? Genau darum geht es im Rest dieses Buches, wobei Kapitel 7 besonders wichtig ist im Hinblick auf Ziele im Job. Daten aus der Vergangenheit können eine Grundlage für das Planen zukünftiger Ziele bilden. In Unternehmensumgebungen ist der Kernpunkt, dass Sie – auch wenn Sie ein Ziel nicht halbieren können – doch dabei helfen können, gefährlichen Optimismus und Planungsfehler zu dämpfen.

»Jetzt oder nie« ist meistens falsch.

Wenn Sie einen Feind bekämpfen, gibt es zwei Vorgehensweisen – Verteidigung und Angriff. Verteidigung bedeutet, sich einen Plan für den Fall eines Angriffs zu überlegen. Zuerst zuzuschlagen ist Angreifen.

Im vorhergehenden Kapitel haben wir uns mit Verteidigung beschäftigt und auf den unvermeidbaren Tag nach »perfekt« vorbereitet. Wir wussten, dass er kommen würde, und wollten bereit sein. In diesem Kapitel beschäftigen wir uns mit dem Angriff und haben entschieden, das Ziel von vornherein zu halbieren.

Sollten Sie das immer noch nicht wollen, schlage ich Ihnen eine einfache Übung vor. Fragen Sie sich: »Was ist das Schlimmste, was passieren könnte?«

Lassen Sie uns für einen Moment so tun, als hätten Sie Ihr Ziel halbiert, und statt das ganze Haus aufzuräumen, haben Sie nur zwei Zimmer in Ordnung gebracht. Seit Jahren nervt es Sie, wie chaotisch Ihr Haus ist, und die Vorstellung, nur zwei Zimmer aufzuräumen, scheint zu wenig zu sein.

Das Interessante an diesem Moment ist, dass der Perfektionismus Ihnen sagen wird, dass Sie es schnell erledigen können. Erkennen Sie, wie oft er je nach Situation die Taktik wechselt? Am Anfang eines Ziels sagt er Ihnen, dass Sie nie in der Lage sein werden, etwas zu schaffen. Jetzt suggeriert er Ihnen, es perfekt und schnell umzusetzen.

Was wäre, wenn Sie den Zeitrahmen infrage stellen würden, statt das Ziel zu halbieren? Wenn Ihr Haus seit fünf Jahren chaotisch ist, warum ist es dann so schrecklich, sich einen zusätzlichen Monat für das Aufräumen zu gewähren? Sie haben 60 Monate gewartet, bevor

Sie es überhaupt in Angriff nehmen wollten, und jetzt muss es unbedingt in diesem Monat passieren?

Der Perfektionismus wird Ihnen sagen, dass die Devise lautet: Jetzt oder nie, besessen von der Idee, dass Sie es nie schaffen werden, wenn Sie es nicht jetzt tun. Die meisten Neujahrsvorsätze sind tatsächlich Januar-Vorsätze. Wir sind so begierig, einen unglaublichen Monat zu haben, dass wir uns in den ersten drei Wochen des Jahres auslaugen und es nie bis zum Februar schaffen. Das ist lediglich der Perfektionismus, der versucht, Ihren Zeitrahmen wie eine Marionette zu steuern.

Was könnte schlimmstenfalls passieren, wenn Sie Ihr Ziel halbieren und sich mehr Zeit geben? Wir wissen bereits, was bestenfalls passieren kann. Sie würden Ihre Erfolgschancen um 63 Prozent steigern. Aber würde die Welt untergehen, wenn Sie weniger täten oder dafür länger bräuchten?

Die Vorstellung richtet sich definitiv gegen sämtliche klugen Ratschläge über Zielsetzung, die Sie je gehört haben. Das ist mir klar, aber denken Sie daran, wir versuchen hier zwei Dinge zu tun: 1. fertigstellen, 2. Perfektionismus besiegen.

Und der Perfektionismus hasst dieses Kapitel zweifellos. Ihr Ziel zu halbieren ist für den Perfektionismus Gift. Es ist wie ein Leuchtturm in der Nacht, der Ihnen den Weg weist. Sie weigern sich nicht nur, dem Perfektionismus nachzugeben, sondern Sie entscheiden sich auch für den Erfolg, noch bevor Sie angefangen haben.

Ich weiß, dass es seltsam ist, ehrlich, und Sie haben das nie zuvor getan. Aber wenn Sie nicht dieselben Ergebnisse wie immer wollen, werden Sie ein paar Dinge anders machen müssen.

Fangen Sie damit an, dass Sie Ihr Ziel halbieren.

Aktionen

1. Denken Sie zurück an andere Ziele, die Sie in Angriff genommen haben. Waren diese zu groß? Schreiben Sie auf, was passiert ist.
2. Schreiben Sie eine mit Ihrem Ziel in Zusammenhang stehende Zahl auf (es ist schwer, ein Gefühl zu halbieren). Wollen Sie zehn Bücher lesen? Vier Zimmer aufräumen? 20 Pfund abnehmen? 5000 Dollar verdienen?
3. Entscheiden Sie, ob Sie Ihr Ziel halbieren oder den Zeitrahmen verdoppeln können.
4. Teilen Sie Ihr Ziel jemandem mit, dem Sie vertrauen, und fragen Sie denjenigen, ob es zu extrem sei.
5. Wenn Sie sich unwohl dabei fühlen, Ihr Ziel zu halbieren, sollten Sie ein paar Minuten über die folgende Frage nachdenken: »Was könnte schlimmstenfalls passieren?«

Kapitel 3

Was können Sie vernachlässigen?

»Faszinierend! Bei Ihrem Rasen kann ich zeigen, was wir alles draufhaben.«

Das ist Gärtnersprache für »Ihr Rasen ist eine Katstrophe«, und das musste ich mir anhören, als wir in Atlanta lebten.

Aus der Ferne wirkte unser Rasen grün. Aber aus der Nähe erkannte man schnell, dass nach dem Entfernen des Unkrauts nur noch nackter roter Georgia-Lehmboden übrig bleiben würde. Das Verhältnis Unkraut zu Gras war 10 : 1, und der Gärtner lächelte selbstvergessen, während er in unserer Einfahrt stand.

Er wusste, dass er uns ein Dutzend verschiedener Serviceleistungen verkaufen würde, mit Namen, die noch chemischer klangen als Hydrox Cookies. Womöglich entdeckte er sogar eine neue Unkrautspezies, die nach ihm benannt würde, wie bei einem Vorstadtbotaniker. Ich hatte keinen Rasen, sondern ein Unkrautversuchslabor.

Ich nehme an, dass sich Ehemänner für so etwas schämen sollten. Schlimm genug, dass Handwerker, die zu uns kommen, immer mit meiner Frau Jenny reden, da sie studierte Bauleiterin ist, während ich über gepflegte Autorenhände ohne Schwielen verfüge. Einmal habe ich meinen platten Reifen samt Felge einen Abhang hinuntergeworfen, weil ich sauer war auf den Staat North Carolina. Ich wusste nicht, dass man die Felgen behalten muss, vermutlich gehört das zu den Dingen, die man bei den Pfadfindern lernt. Das alles war schlimm, aber der Rasen ist das Schlimmste. Er ist ein Spiegelbild deiner Männlichkeit und etwas, worüber du redest, wenn du dich mit einem anderen Kerl aus der Nachbarschaft grunzend am Grill unterhältst.

»Du hast neuen Rollrasen gelegt? Sieht super aus, Mitch. Was hast du gesagt? Sorry, ich kann dich nicht verstehen wegen der benzinbetriebenen Kettensäge. Ich lasse sie die ganze Zeit laufen für den Fall, dass ich spontan einen Baum fällen muss.«

Es war mir egal, dass sich in der Flora vor meinem Haus vermutlich der Afrikaforscher David Livingstone noch am ehesten zurechtfinden würde. Der Rasen hätte lichterloh in Flammen stehen können und es hätte mich kein bisschen gekümmert.

Wieso?

Weil ich zu der Zeit zwei Kleinkinder hatte.

Kinder sind eine Krise. Sie sind eine wunderbare Krise, aber nichtsdestotrotz eine Krise. Das sagt einem vorher niemand, denn alle wollen, dass auch du Kinder bekommst, damit die Spezies überlebt. Und das merkst du auch nicht, wenn du mittendrin steckst. Dein einziges Ziel besteht darin, über die Ziellinie einer frühen Schlafenszeit zu kriechen und den Tag zu überstehen. »Dad, draußen ist es noch hell und ich kann hören, dass die anderen Kinder noch spielen.« – »Ist mir egal. Es ist Schlafenszeit.«

Ältere Kinder sind nicht zwangsläufig einfacher. Meine elfjährige Tochter erzählte mir eines Abends, wenn ich sterbe, würde sie von meinem »Totengeld« leben. »Meinst du die Lebensversicherung?«, fragte ich nach. »Genau, wie das eben heißt«, antwortete sie. Zumindest kann man mit einem Schulkind vernünftig reden.

Kleinkinder sind gnadenlos. Waren Sie mal nur eine Sekunde unachtsam, und sofort hat sich Ihr Kleinkind am Herd die Finger verbrannt? Nein? Wirklich nicht? Erwischt! Ihr Rasen ist Ihr kleinstes Problem. Wer hat schon Zeit, das richtige Timing für den Rasensprenger herauszufinden, das Bermudagras im Gegensatz zu Schwingelgras bevorzugt? Sie sind in höchster Alarmbereitschaft, kämpfen sich gerade zurück aus der Trotzanfall-Welle Ihres Kleinkinds oder wappnen sich für die nächste, weil die Chicken Nuggets, die Sie heute serviert haben, die falsche Form hatten. Gestern hatten sie die richtige Form. Da hatten sie die einzig akzeptable Form, aber die heutigen Rechtecke lösen Panik aus. Folglich finden Sie sich dabei wieder, wie Sie bis zu den Ellenbogen in einer Tüte Chicken Nuggets wühlen, auf der Suche nach dem magischen Stück gepresstes Hähnchenfleisch, das diese Katastrophe beenden wird. Früher haben Sie über Eltern gelästert, die ihren Kindern so etwas zu essen geben.

Rasen spielt so was von keine Rolle.

Später aber vielleicht. Wenn Sie aus dem Kleinkindbereich heraus sind, haben Sie Zeit für Dinge wie Ihren Garten und Hosen, die nicht aus Sweatshirtstoff sind, aber in der jetzigen Situation üben Sie sich besser darin, etwas zu vernachlässigen.

Die einzige Möglichkeit, ein neues Ziel zu erreichen, besteht darin, Ihre kostbarste Ressource dafür zu investieren: Zeit. Wir geben nur sehr ungern zu, dass wir, wenn wir unsere Zeit in etwas investieren, sie auch gleichzeitig etwas anderem entziehen. Um in einer Sache gut zu sein, müssen Sie in etwas anderem schlecht sein.

Die dritte Lüge des Perfektionismus lautet: Sie schaffen alles gleichzeitig. Ich bin hier, um Ihnen zu sagen, dass Sie das nicht können.

Tief in Ihrem Innern wissen Sie das, aber ein Teil von Ihnen, ein von Scham getriebener Teil denkt, dass Sie nur ein oder zwei Aufgaben davon entfernt sind, alles gleichzeitig zu tun. Aus diesem Grund lesen notorische Neuanfänger ständig Bücher über Zeitmanagement. Wenn wir den Tag nur ein kleines bisschen anders aufteilen oder ein Hörbuch mit dem Training auf dem Laufband kombinieren, während wir gleichzeitig die Zähne mit Zahnseide reinigen, könnten wir es hinbekommen, alles zu erledigen.

Ich bin heute hier, um Ihnen zu sagen, dass Sie *nicht* alles erledigen können. Ich würde sagen, dass Sie nicht einmal das meiste schaffen.

Sie können noch so sehr brüllen und auf den Sand eintrommeln, wie Charlton Heston am Ende des Films *Planet der Affen*, aber sobald Sie damit fertig sind, dem »Ich schaff das schon alles«-Märchen nachzuweinen, kehren wir für einen Moment zurück zum Praktischen.

Momentan haben Sie nur zwei Möglichkeiten:

1. zu versuchen, mehr zu tun, als menschenmöglich ist, und zu scheitern;
2. festzulegen, was Sie vernachlässigen wollen, um bei einem wirklich wichtigen Ziel Erfolg zu haben.

Der Perfektionismus rät Ihnen, sich für die erste Option zu entscheiden. In diesem Kapitel werden Sie lernen, wie Sie sich für die zweite Option entscheiden können.

Anfangs wird es Ihnen Unbehagen verursachen. Der Nachbar, der draußen in der Einfahrt raucht, weil seine Frau es drinnen nicht erlaubt, wird beim Anblick Ihres Rasens peinlich berührt den Kopf schütteln.

Wenn Sie keine Waschfrau haben, ein real existierendes Wort, das nach einer Prinzessin des Waschens klingt, wird sich Ihr Stuhl mit der Kleidung, die schon benutzt, aber noch zu sauber für die Wäsche ist, in einen undurchdringlichen Lumpenhaufen verwandeln, während Sie an Ihrem wichtigen Ziel arbeiten. Ihre Kinder werden sich Kleidungsstücke herausziehen wie Straßenkinder, die Socken auf einem Wochenmarkt stehlen.

Das ist in Ordnung. In Momenten wie diesen haben Sie die Wahl.

Sie können sich entscheiden: Scham oder Strategie.

Sagen Sie Nein zur Scham

Höchstwahrscheinlich haben Sie den Großteil Ihres Lebens damit verbracht, mehr tun zu wollen, als möglich ist, und es sich dann übel zu nehmen, dass Sie das nicht erfüllen konnten.

»Ich sollte in der Lage sein, das alles zu schaffen. Ich habe meinem Leben ein neues Ziel hinzugefügt, das mir wichtig ist. Ja, ich versuche, eine weitere tägliche Aktion in meinem ohnehin schon vollgestopften Kalender unterzubringen, aber das sollte ich hinbekommen. Ja, ich bin nach Atlanta gezogen, um mich um meinen kranken Schwiegervater zu kümmern, aber dennoch sollte ich mit allem anderen weitermachen wie bisher.«

Unsere Versuche, viel zu schaffen, fühlen sich edel und ehrenvoll an. Sind wir nicht wunderbar wie wir, unermüdlich auf den Burn-out zuarbeiten und bei allem Abstriche machen, weil wir darauf beharren, alles schaffen zu können. Wir können uns dieses Versuchs auf Instagram rühmen. Das ist Plackerei. Das ist Hetze.

Oftmals tun wir das, weil wir eine schlechte Angewohnheit aus der Highschool beibehalten haben. Man kann eine Nachtschicht durchziehen, wenn das fertige Produkt ein zehnseitiger Essay über Handelsbeschränkungen während des Bürgerkriegs ist. Das gestaltet sich jedoch schwieriger, wenn Sie an so etwas wie Ihren vierteljährlichen Verkaufszahlen oder Ihrer Gewichtsreduktion arbeiten. Die Wochenration an Kalorien an einem einzigen Abend zu essen, weil Sie versuchen, mit Ihrer Diät weiterzumachen, ist ein miserabler Plan.

Irgendwann holt Sie das ein. Sie verpassen einen Flug, und das ganze fragile System stürzt ein. Ein Fußballtraining dauert länger, und der Plan bricht zusammen. Ein Meeting dauert zu lang, und das kippt alle nachfolgenden Termine an diesem Tag. Eine niedliche Murmeltierfamilie zieht in Ihren Garten ein, weil die Höhe des Grases strategischen Schutz vor den benachbarten Rotschwanzbussarden bietet.

Irgendetwas geht schief, und in dem Moment schämen wir uns.

Wir lassen keine Gnade walten und sind nachsichtig mit uns selbst. Nein, im Gegenteil, die meisten Menschen geben an genau dieser Stelle auf. Nicht nur die zusätzliche Sache, die sich als zu viel erwiesen hat – wir geben das gesamte Ziel auf.

Das ist der wahrhaft furchtbare Teil, wenn man zu viel versucht. Sie lassen nicht einfach den Sonderpunkt fallen und arbeiten weiter an Ihrem Ziel. Wenn Sie aus dem Takt geraten, lassen Sie alle Bälle fallen, mit denen Sie gerade jonglieren – so wie unser angehender Ironman-Teilnehmer aus dem vorigen Kapitel.

Wenn Sie nicht alles schaffen, schämen Sie sich und geben auf.

Oder aber Sie wählen eine Strategie und legen im Vorfeld fest, was Sie vernachlässigen können.

Wenn Sie vorab entscheiden, welche Dinge das sein sollen, entfernen Sie den Stachel der Scham. Die Überraschung, die etwas aufdeckt, in dem Sie schlecht sind, ist weg. Statt erschrocken über irgendeinen Ball zu reagieren, den Sie fallen gelassen haben, werden Sie sagen: »Oh ja, diesen Ball habe ich bewusst weggelegt, bevor das Spiel losging. Danke für den Hinweis!«

Deshalb sorgt sich Shonda Rhimes, die Schöpferin populärer Serien wie *Grey's Anatomy* und *Scandal* nicht wegen dem, was sie nicht erledigt bekommt. Als das Magazin *Fast Company* sie fragte, was sie bewusst wegfallen lasse, antwortete sie: »Momentan habe ich kein schlechtes Gewissen, weil ich keinen Sport treibe. Ein anderes Mal schon.« Wenn sie gerade mitten in der Vorbereitung einer Serie steckt, bleibt das Joggen vorübergehend schon einmal auf der Strecke.[8]

Shonda sagt Nein zur Scham, und das kann sie, weil sie eine Strategie hat. Sie hat sich entschieden, was sie wegfallen lässt, und der Perfektionismus kann sie nicht dafür drangsalieren, dass sie nicht ins Fitnessstudio geht.

Es ist okay, sich nicht mit Breaking Bad auszukennen

Die meisten Motivationsbücher betonen Ihre Fähigkeit, mehr zu schaffen, und nicht Ihr Bedürfnis, Dinge zu identifizieren, die Sie unmöglich schaffen können. Aber Ihrem ohnehin schon vollen Leben noch mehr Dinge hinzuzufügen, verursacht Ihnen nur mehr Stress. Wenn Sie die Schamfalle vermeiden wollen, müssen Sie vorzeitig entscheiden, bei welchen Aktivitäten in Ihrem Leben Sie schlecht sein dürfen.

In seinem Buch *Two Awesome Hours* nennt Josh Davis dies »strategische Inkompetenz«.[9] Strategische Inkompetenz ist, wenn

Sie von vornherein entscheiden, dass Ihnen Ihr Garten egal ist. Es ist das Eingeständnis, dass Sie keine Zeit haben, alles zu tun, und dass irgendetwas während dieser Phase Ihres Lebens auf der Strecke bleibt.

Als ich anfing, aggressiver an meinen Zielen zu arbeiten, habe ich mich entschieden, die vier folgenden Dinge einzuschränken:

1. Keine Folge einer Fernsehserie verpassen
   Ich habe weder *Breaking Bad* noch *Stranger Things* oder *The Walking Dead* gesehen. *Breaking Bad* hatte 62 Folgen à 42 Minuten. Das sind insgesamt 2604 Minuten oder 43 Stunden. Das entspricht 96 30-minütigen Sitzungen, die Sie für ein Ziel hätten verwenden können. Mein Freund erzählte mir, er würde sich die gesamte bisherige Staffel einer Serie anschauen, bevor eine neue Staffel beginnt. Jede neue Staffel mit 20 Folgen bedeutet dann also 40 Folgen, die man sich ansehen muss. Ich habe nichts gegen Fernsehen und ich liebe die Serie *Das ist Leben*, weil ich Tränen mag. Aber ich kann nicht alle Folgen schauen und gleichzeitig mein Ziel verfolgen. Wenn also Leute auf Dinnerpartys Details über populäre Serien herunterrattern, wirke ich wie ein ahnungsloser Steinzeitmensch und mache stattdessen Kommentare über *Seinfeld*. Ist das falsch? Sollte ich das nicht tun? Ich sage Ihnen, ich muss bei dieser Sache auf Unwissenheit plädieren. Das ist okay für mich. Ich habe mich entschieden, schlecht beim Thema Fernsehen zu sein.

2. Snapchat
   Wenn dieses Buch erscheint, bin ich möglicherweise hervorragend mit Snapchat und ich werde in der Lage sein, auf Fotos von mir beim Mittagessen Welpenohren anzubringen, aber das bezweifle ich. Ich habe Freunde, die ständig versuchen, mich zu motivieren, aber wenn ich frage, warum ich das tun soll, dann lautet die Antwort immer: »Weil alle es machen.« Mit der Logik wurden auch 50 Millionen Nickelback-Alben verkauft. Menschen, die jeden Tag 20-mal etwas posten, belügen

sich selbst, wenn sie vorgeben, intensiv nachdenken zu können, während sie ständig unterbrochen werden, um andere wissen zu lassen, was sie denken. Social Media gibt es nicht umsonst; es kostet Sie stets etwas. Ich habe mich entschieden, auf Snapchat zu verzichten.

3. E-Mail

Meine E-Mails habe ich vor einem Jahr auf die Hälfte reduziert. Mir wurde klar, dass der Hauptgrund, warum ich meine E-Mails unaufhörlich gecheckt habe, darin bestand, dass ich impulsiv bin und es mir das Gefühl gab, wichtig zu sein. Ich erwartete jede Menge Notfälle in meinem Posteingangsfach, aber viele gab es nicht. Jetzt checke ich es ein paarmal pro Woche und lasse meine Assistentin die meisten E-Mails beantworten. Würde es den Leuten besser gefallen, wenn ich sofort antworten und E-Mails zu meinem ständigen Infusionstropf machen würde? Möglicherweise, aber um besser darin zu sein, mein Unternehmen zu leiten und Bücher zu schreiben, habe ich entschieden, bei E-Mails schlecht zu sein.

4. Die Befriedigung, meinen Rasen selbst zu mähen

Angefangen haben wir mit meinem Rasen, lassen Sie uns damit auch enden. Viele Menschen erfüllt es mit großer Zufriedenheit, ihren Rasen selbst zu mähen. Wenn Sie eine Art von Job haben, bei dem Sie den ganzen Tag am Bildschirm Punkte platzieren, ist es schön, zu sehen, dass sich Ihre Anstrengungen um etwas Physisches ergänzen. Bei mir ist das nicht so. Sobald ich mir zweimal im Monat einen Gärtner leisten konnte, der den Rasen mäht, habe ich auf dieser grünen Fläche nichts anderes mehr gemacht als Breakdance. (Was? Sie nutzen dafür Ihre Garage? Fein.) Ich würde mit den vier Stunden jedes Wochenende lieber etwas anderes anfangen. Ich habe entschieden, eine Niete in der Gartenarbeit zu sein.

Strategische Inkompetenz bedeutet für mich, mit diesen vier Dingen Frieden zu schließen. Werden es im Lauf der Zeit auch mal andere Dinge sein? Vielleicht. Möglicherweise dreht sich bei mir irgendwann alles um Snapchat. Aber um mich momentan um all das kümmern zu können, was wirklich wichtig ist, habe ich vorerst entschieden, in ein paar Dingen schlecht zu sein, die es nicht sind.

Etwas zu ignorieren kann es manchmal erfordern, dass Sie sich ein System ausdenken. Die meisten Menschen, einschließlich mir, können sich nicht völlig von E-Mails zurückziehen. Sie spielen eine zu große Rolle und sind eines der meistgenutzten Kommunikationsmittel.

Um sie zu ignorieren, musste ich mir deshalb eine Strategie überlegen. Ich sah mir die E-Mails, die ich täglich bekam, genauer an und stellte fest, dass nur zehn Prozent davon eine persönliche Reaktion von mir brauchten. Ich erkannte, dass ich in jeder beliebigen Woche nur eine Handvoll E-Mails bekam, die eine Reaktion innerhalb der nächsten 48 Stunden erforderten. Ich musste einsehen, dass ich nicht über die nötige Willenskraft verfügte, den E-Mail-Icon auf meinem Handy zu ignorieren. Mein Daumen wandert wie von selbst dorthin und öffnet die App, ohne dass ich auch nur darüber nachdenke. Ich musste den App-Icon auf der dritten Seite meines Handys verstecken, tief in einem Ordner.

Die Sache, die Sie wegfallen lassen wollen, muss nicht groß oder dauerhaft sein. Als ich mein erstes Buch schrieb, wies mich meine Frau darauf hin, dass ich nur am Montag ein paar Stunden unverplante Zeit hätte. Es gab ein zweistündiges Fenster zwischen der Arbeit und einer wöchentlich stattfindenden Besprechung am Abend. Sie sagte: »Ich bringe die Kinder ins Bett, und du schreibst während dieser beiden Stunden.« Während der zwölf Wochen Arbeit an diesem Buch sah ich meine Kinder montags nicht. Für einen Vater ist das nicht leicht, aber ich wusste, dass es vorübergehend war und ich am Ende ein fertiges Buch in Händen halten würde.

Sage ich Ihnen hiermit, Sie sollen Ihre Familie ignorieren? Ja, genau das schlage ich vor, weil ich ein Monster bin. Nein, ich biete Ihnen lediglich ein Beispiel aus dem wahren Leben, was nötig ist, um Dinge fertigzustellen, und eine Erklärung dafür, warum ich jeden Montag zwei Stunden damit verbrachte, in einem Burger King ein Buch zu schreiben.

Warum sollten Sie sich dafür entscheiden, etwas wegzulassen? Letztlich hängt es davon ab, was Sie erreichen wollen, aber es gibt einen schnellen Weg, ein paar Dinge auszusuchen. Stellen Sie es sich vor wie Ampeln. Einige Aktivitäten haben grünes Licht, sie bringen Sie weiter und erleichtern es Ihnen, Ihr Ziel zu erreichen. Das Mittagessen für eine ganze Woche zuzubereiten mag Zeit erfordern, es hilft Ihnen aber, Ihr Gesundheitsziel zu erreichen. Bei anderen Aktivitäten steht die Ampel auf Rot. Sie halten Sie davon ab, weiterzumachen, und bremsen Sie aus. Abends lange mit Freunden auszugehen mag Spaß machen, aber es wird Sie in Versuchung führen, schreckliche Taco-Entscheidungen zu treffen. Das ist eine Rote-Ampel-Aktivität, die Ihren Plan, abzunehmen, verlangsamt. Investieren Sie ein paar Minuten, um Ihren Tag zu durchdenken, und markieren Sie ein paar Punkte, denen Sie Zeit widmen wollen. Diese Aufgabe ist leichter, als Sie denken. Rindenmulch in den Blumenbeeten vor Ihrem Haus zu verteilen mag zwar Ihren Vorgarten verschönern, wenn jedoch Ihr Ziel darin besteht, die Steuererklärung fertigzustellen, dann gibt es keinen Zweifel über die Farbe dieser Ampel. Ich verspreche Ihnen, dass Sie überrascht sein werden, wie offensichtlich einige Ihrer Ampeln sind.

Wenn Ihnen nichts einfällt, das Sie vernachlässigen können, dann gebe ich Ihnen einen Tipp: soziale Medien.

Sie machen sich Sorgen, dass es anderen auffallen wird, wenn Sie Ihren Instagram-Account nicht aktualisieren? Ich verspreche Ihnen, dass das nicht passieren wird. Einmal bin ich zehn Tage nicht auf Twitter gewesen, und keinem meiner 290 000 Follower ist es aufgefallen.

Aus diesem Grund deaktivieren Leute oft ihren Facebook-Account während Prüfungswochen oder Großprojekten. Es ist eine Sache weniger, um die man sich in einer geschäftigen Phase Gedanken machen muss. Es ist nicht für immer, und langfristig ist die Arbeit, die Sie in der Zeit erledigt bekommen, wichtiger.

Sollte es für Sie einschüchternd klingen, eine Pause von den sozialen Medien zu machen, dann denken Sie daran, dass Sie das bereits ein ganzes Jahr lang getan haben. Es war das Jahr 1997.

Sagen Sie einfach Nein

Mit dem Fernsehgucken aufzuhören ist eine Sache. Nein dazu zu sagen, mit Freunden Zeit zu verbringen, eine andere. »Ich kann Freitag nicht losziehen«, »Nein, ich kann nicht zu deiner Party kommen« und »Ich kann dir diesen Gefallen nicht tun« sind keine Sätze, die wir Perfektionisten gerne aussprechen. Wir wollen für jeden der beste Freund sein, alle sollen von uns denken, wie wunderbar wir sind, und wir glauben, dafür sei es nötig, so viel Zeit wie möglich mit jemandem zu verbringen, wie der Betreffende es gern hätte.

Wenn Sie einmal darüber nachdenken, ist es lächerlich.

Im Herbst, wenn die Saison der Vorträge beginnt, sehe ich meine Freunde an den Wochenenden nicht. Ich reise jeweils montags und dienstags und dann donnerstags und freitags. Das bedeutet, dass das Wochenende meiner Familie gehört. Möglicherweise schaffe ich es am Mittwoch, mit einem Kumpel zu Mittag zu essen, aber ich kann mit ihm nicht am Samstag auf ein Konzert gehen. Im Herbst vernachlässige ich sieben Wochen lang meine Freundschaften – bis zu einem gewissen Punkt.

Nachdem sie in unserem Heimatstädtchen Franklin, Tennessee, sieben Jahre lang eine Frauengruppe unterrichtet hat, musste meine Frau damit pausieren und wurde selber wieder Schülerin. Sie wusste, dass sie im Herbst ziemlich viel zu tun haben würde, und trat von der sehr fordernden Aufgabe als Lehrerin zurück. Für Sie könnte das Trainieren am frühen Morgen für einen Wettkampf bedeuten, dass Sie an weniger Abenden mit Freunden ausgehen.

Sich als Fotograf selbstständig zu machen kann bedeuten, dass Sie an den Wochenenden mehr Hochzeiten fotografieren als Zeit mit Ihren Freunden zu verbringen.

Es gibt viele Situationen, in denen es gilt, mit Ihren Beziehungen bewusster umzugehen, aber sie alle erfordern nur eines. Der einfachste Weg, in solchen Situationen mit Menschen umzugehen, besteht darin, das mächtigste Wort in unserer Sprache zu artikulieren: Nein.

Wenn Sie jemand sind, der immer gern allen gefallen will, müssen Sie sich jetzt fast übergeben. Man darf nie Nein zu Menschen sagen. Unsere Antwort sollte immer Ja lauten. »Nein« ist ein Schlusspunkt. »Ja« ist ein Doppelpunkt. Er führt zu neuen Möglichkeiten und neuen Freunden. Spüren Sie den Wind im Gesicht!

Dem stimme ich zu, und mit diesem Buch will ich Sie ermutigen, Ihr Ziel mit einem oder zwei engen Freunden zu teilen, aber wenn Sie wirklich etwas fertigstellen wollen, dann werden Sie vermutlich ein paar andere Beziehungen auf Eis legen müssen.

Sagen Sie einfach Nein. Keine langen Erklärungen. Keine Entschuldigungen. Keine Rechtfertigungen. Nein.

Und denken Sie daran: Wenn jemand deshalb sauer auf Sie wird, dann bestätigt derjenige nur, dass Sie das von Anfang an hätten sagen müssen.

Wenn Sie nicht aufhören können, dann vereinfachen Sie

Wenn Sie sich mit einem klaren Nein unwohl fühlen oder wenn es unmöglich ist, mit einer Aktivität aufzuhören, dann vereinfachen Sie stattdessen. Einer der großen Zeitfresser für Lisa Scheffler, eine viel beschäftigte Mutter, die Zielsetzungen liebt, ist die Hausarbeit. Für die Familie Essen kochen und Wäsche waschen benötigt viel Zeit, aber es sind die Dinge, die sie nicht wegfallen lassen kann. Sie kann sich nicht auf ein Ziel konzentrieren und sagen: »Hey, Kids, diese Woche werde ich nicht kochen. Viel Glück bei der Nahrungssuche. Schaut doch mal in den Gärten nach, da gibt es jede Menge Superfood.«

Stattdessen bereitet sie »einfache Gerichte zu, die nicht viel Zeit erfordern«. Und »die Wäsche wird gewaschen, aber nicht gefaltet und weggeräumt, deshalb sind wir an den Tagen vor einer Deadline immer eine zerknitterte Familie«.

Ich liebe diese Idee. Ich kann ihre Kinder in zerknitterter Kleidung in der Schule förmlich vor mir sehen und höre einen Lehrer fragen: »An was für einem Projekt arbeitet eure Mum denn diese Woche?« Und die Kids wissen, dass es eine wichtige Woche ist, wenn Hotdogs auf dem Tisch stehen, oder noch besser Pizzabrötchen.

Glücklicherweise ist die Welt bestrebt, Ihnen beim Vereinfachen zu helfen. Wenn wir bei dem Beispiel mit dem Essen bleiben, da die meisten von uns Nahrung zu sich nehmen müssen, so ermöglichen Supermärkte es uns mittlerweile, online zu bestellen und die Waren dann im Geschäft abzuholen. Meine Frau kauft bei jedem Supermarktbesuch zu 75 Prozent die gleichen Sachen. Während einer stressigen Phase kann sie gemütlich von zu Hause aus bestellen, vorfahren und sich die Taschen mit den Lebensmitteln in den Kofferraum laden lassen, ohne auch nur auszusteigen.

Unser Leben ist zu kompliziert, um einfach nur Nein zu allem zu sagen. Das ist in Ordnung. Es ist unrealistisch, zu glauben, Sie könnten alles wegfallen lassen.

In Situationen, in denen Nein keine Option ist, schreiben Sie eine »Vereinfachungsliste« und identifizieren die Momente der »zerknitterten Hemden«, mit denen Sie in Ihrem Leben klarkommen.

Sie haben ein paar Mahlzeiten, die einfach sein können.

Sie haben ein paar Dinge, die warten können.

Jetzt fängt der Spaß an

Sobald Sie das anfängliche schlechte Gewissen überwunden haben, nicht alles erledigen zu können, überlegen Sie, welches Weglassen Spaß machen würde. Der Stress des Perfektionismus weicht dem Lachen, während Sie die unzähligen Dinge auflisten, wegen derer Sie sich ab sofort nicht mehr schämen werden.

Ich erinnere mich daran, wie glücklich meine Frau Jenny war, als sie aus meiner Firma ausstieg. In den ersten beiden Jahren meiner Selbstständigkeit war Jenny still und leise in die Rolle einer Assistentin und Reiseagentur gerutscht. Sollte sich das für Sie anhören wie ein Rezept für eine Ehekatastrophe, dann haben Sie recht.

Schließlich, nach dem tausendsten arbeitsrelevanten Streit, sagte sie: »Vergiss das Ganze und bezahl gefälligst eine Assistentin. Ich kann nicht gleichzeitig eine gute Mitarbeiterin und Ehefrau sein.« Sie entschied, die Arbeit für mich wegzulassen, damit sie unsere Ehe genießen konnte. Eine Assistentin zu engagieren war außerdem sehr viel preiswerter als eine Paartherapie.

Jenny machte ihre Entscheidung Spaß, und Ihre Entscheidungen werden Ihnen ebenfalls Spaß machen. Aber nicht so viel Spaß, wie Sie durch das haben werden, was wir im folgenden Kapitel tun werden. Nicht einmal annähernd.

Aktionen:

1. Erstellen Sie eine Liste mit drei Dingen, die Sie während der Arbeit an Ihrem Ziel vernachlässigen können. Verwenden Sie die roten und grünen Ampeln.
2. Für Zeitfresser, die Sie nicht vernachlässigen können, überlegen Sie sich eine Möglichkeit der Vereinfachung.
3. Schreiben Sie an einem geheimen Ort, an dem niemand es sehen kann, drei Freundschaften auf, bei denen Sie möglicherweise eine Pause einlegen müssen, um Ihr Ziel zu erreichen.

Kapitel 4

Nur was Spaß macht, führt zum Ziel

Was Spaß macht. Das ist alles. Drei Worte, eine klare Richtung. Sorgen Sie dafür, dass Ihnen Ihr Ziel Spaß macht. Sorgen Sie dafür, dass Sie es genießen. Achten Sie darauf, dass Lachen und Lächeln mit der Sache in Verbindung stehen, die Sie tun werden.

Warum muss ich dieses Kapitel überhaupt schreiben?

Wieso in aller Welt sollte jemand ein Ziel auswählen, an dem er keinen Spaß hat? Warum sollte jemand etwas aussuchen, das so langweilig oder quälend oder frustrierend ist wie die letzten Neujahrsvorsätze?

Weil Perfektionismus heimtückisch ist. Der Perfektionismus glaubt: Je schwieriger und unerfreulicher etwas ist, desto besser ist es.

Die vierte Lüge sagt Ihnen: Was Spaß macht, zählt nicht.

Diese Lüge manifestiert sich deutlich ausgeprägt in den gängigsten Bereichen von Zielen: in Beruf und Gesundheit.

Menschen wollen ihre eigene Firma aufziehen, ihre Finanzen in Ordnung bringen oder mehr Zufriedenheit im Job finden. Sie wollen gesünder essen, fitter werden und ihren Körper mögen.

Also überlegen sie sich ein Ziel, und für gewöhnlich klingt es etwa so:

»Ich möchte fitter werden, also sollte ich mit dem Laufen anfangen.«

Sie fangen an zu joggen, stampfen morgens vor der Arbeit den Bürgersteig entlang oder galoppieren abends auf dem Laufband. Ein oder zwei Wochen lang machen sie das gut, aber schließlich hören sie auf – so wie 92 Prozent aller Menschen, die ein Ziel aufgeben.

Warum?

Weil sie es versäumt haben, sich eine einfache Frage zu stellen: »Macht mir laufen Spaß?«

Spaß ist ein Todfeind des Perfektionismus. Wozu ist Spaß gut? Was ist der Wert von Spaß? Er hat keine messbare Kapitalrendite und scheint nicht hilfreich zu sein. Folglich fragen wir uns nie: »Macht mir das Spaß?«

Wir stellen uns nie diese Frage, weil wir annehmen, dass es an uns selbst liegt, wenn wir etwas nicht mögen. Obwohl wir das Training jeden Morgen hassen, ziehen wir uns die Sportschuhe an und laufen mit angespannter Miene los.

Perfektionismus und Spaß sind wie Öl und Wasser. Sie vermischen sich nicht. Der Perfektionismus hält Spaß für wertlose Zeitverschwendung. Bedauerlicherweise denken die meisten von uns genauso.

Spaß zählt doch

Der Grund, warum wir Ziele verfolgen, die wir nicht mögen, besteht aus zwei Teilen:

1. Wir glauben, Ziele müssten unerfreulich sein.
2. Wir glauben dem Perfektionismus, wenn er uns sagt, dass Spaß-Ziele nicht zählen.

Fragen Sie Menschen, was ihnen spontan einfällt, wenn Sie das Wort »Ziel« hören.

Sie werden sagen: »Disziplin, Mühe, Streben, Plackerei, Frust«, und andere Begriffe, die ähnlich scheußlich klingen. Wir glauben, damit ein Ziel richtig und echt sein muss, muss es auch schwierig sein. Es muss uns auf dem Weg dorthin zermürben, sonst ist es kein richtiges Ziel. Als Indikatoren für erzielte Fortschritte lassen wir nur die Menge an Blut, Schweiß und Tränen gelten, die wir vergossen haben.

Betrachten wir die bekannteste Form des Zielsetzens: SMART-Ziele.[10] Vor Jahrzehnten entwickelt, legt dieses Akronym dar, was jedes Ziel nach Meinung der Schöpfer dieses Begriffs sein sollte.

> **S**pecific (spezifisch)
> **M**easurable (messbar)
> **A**chievable (machbar)
> **R**elevant (relevant)
> **T**ime-Bound (zeitgebunden)

Dies mögen hilfreiche Eigenschaften eines Ziels sein, aber sie sind mit Sicherheit langweilig. Mit diesen Begriffen können Sie einen Blumenkohl beschreiben. Keines dieser Wörter steht auch nur entfernt mit dem Wort »Spaß« in Verbindung. Niemand hat je gesagt: »Weißt du, was an meinem Strandurlaub Spaß gemacht hat? Dass er zeitgebunden war. Ich wusste genau, wann er enden würde.«

Umgekehrt zählt das Ziel nicht wirklich, wenn uns etwas Spaß macht. Eine Tanzstunde ist nicht wirklich Sport. Ein Spaziergang mit einem Freund macht zu viel Spaß, um wertvoll zu sein. Frisbee ist für Hippies. Diese Dinge sind nicht mühselig genug.

Mit dieser Lebenseinstellung kann man sogar aus dem Tischtennisspiel den Spaß heraussaugen.

Letztes Jahr hatte ich das Ziel, ein hervorragender Tischtennisspieler zu werden. Ich besaß keine Platte, folglich war das meine erste Herausforderung. Die zweite bestand darin, dass ich keinen Schläger hatte. Ich kaufte auf Amazon einen Premium-Karbonschläger mit Fünf-Holz-Furnier, weil ich davon überzeugt war, einen solchen Schläger in den Wettkämpfen zu brauchen, die ich gewinnen würde. Das Letzte, was ich wollte, war, mit minderwertiger Ausrüstung in einem Verein/einer Halle/einem Dojo aufzukreuzen. Ich hatte viel zu viel Zeit meines Lebens damit verschwendet, mit einem Schläger ohne Karbonschicht zu spielen, und würde diesen Fehler nicht wiederholen.

Außerdem kaufte ich auch eine Schlägertasche, schließlich bin ich kein Dummkopf.

Was habe ich als Nächstes getan? Bin ich mit meinem Freund Grant zum Spielen ins Freizeitzentrum gegangen? Habe ich Nachbarn gefragt, ob irgendjemand eine Tischtennisplatte hat, auf der ich spielen kann? Nein, beides hätte viel zu viel Spaß gemacht.

Stattdessen beschloss ich, dass der beste Weg, es zu lernen, darin bestehe, mir einen Trainer zu nehmen. Es wird Sie überraschen, aber es ist nicht einfach, in Nashville, Tennessee, einen Tischtennistrainer zu finden. In New York City gibt es vermutlich an jeder Ecke Trainer, aber wir sind reich an Songschreibern und arm an Paddelschmieden (der Begriff stammt von mir).

Ich ging auf die Website von Team USA – als Fan des Teams haben Sie diese vermutlich unter Favoriten gespeichert – und fand heraus, dass es in meinem ganzen Staat nur zwei zertifizierte Trainer gab. Ich schickte ihnen E-Mails und wartete.

Steve Chan antwortete. Er schrieb, er würde auf 2000er-Niveau spielen (ich tat so, als wisse ich, was damit gemeint sei) und dass er meine Spielstärke einschätzen wolle. Theoretisch könnten wir im örtlichen Freizeitzentrum trainieren, aber leider gab es Differenzen innerhalb der Middle-Tennessee-Tischtennisszene. Der Leiter des Freizeitzentrums schätzte Chans Trainingsmethode nicht, von der ich annahm, dass sie das Marschieren durch Tiefschnee mit Holzstämmen auf dem Rücken beinhaltete. Tischtennis war wesentlich politischer, als ich angenommen hatte.

Ich fragte Steve, ob es sonst noch irgendwo eine Tischtennisplatte gebe, auf der wir spielen könnten. Er arbeitete an einem College in einem Viertel von Nashville, das sich gerade im Wandel befand, wo also die Hipster noch keine Ziegenkäse-Eiscreme-Boutiquen eröffnet hatten, und er sagte, sie hätten eine Platte in der Studentenvereinigung.

An einem kalten Samstag im Februar tauchte ich um 16:30 Uhr auf dem Campus auf, um meinen Tischtennistrainer zu treffen. Ich muss gestehen, dass ich hoffte, er würde genauso sein wie Mr. Miyagi aus *Karate Kid*, und dass ich zwar Unterricht in Tischtennis bekäme, letztlich aber etwas über das Leben lernen würde. Ich sollte nicht enttäuscht werden.

Steve ist Mitte 60 und stammt aus Festlandchina. Ich begann, China als »Festlandchina« zu bezeichnen, weil Steve das tat, meine Ausbildung begann also sofort.

Bedauerlicherweise war der Raum der Studentenvereinigung abgeschlossen. Steve versicherte mir jedoch, dass sie jeden Moment öffnen würden. Wir standen in der Lobby, ich mit meinem quasi unbenutzten Karbongriff-Schläger und der Zubehörtasche, denn ich habe schließlich Stil, und er mit seinem Pullunder und dem Rollkoffer voll mit allem, was ich mir nur an Tischtennishexerei vorstellen konnte.

Während der ersten 20 Minuten plauderte er mit mir, während er darauf wartete, dass die Tür aufgehen würde. Er erzählte mir, dass mein Schläger okay sei, dass Topspieler ihre Schläger jedoch in drei Einzelteilen bestellen und dann selbst zusammenbauen. Ich konnte es kaum erwarten, meinen Schrottschläger wegzuwerfen und mir in der Garage einen eigenen zu schmieden, wie ein Schwert über glühenden Kohlen.

Nachdem er mir 40 Minuten lang gezeigt hatte, wie man den Schläger hält – Sie wären überrascht, wie viele Fehler man mit nur vier Fingern und einem Daumen machen kann –, erlangten wir die unangenehme Erkenntnis, dass sich die Tür zur Studentenvereinigung wohl nie öffnen würde. Also ging Steve dazu über, mir zu zeigen, wie man eine Vorhand schlägt – gegen das Wandbild einer Dschungelkatze in der Lobby des Gebäudes. Wenn Sie jetzt ein Bild von mir vor Ihrem geistigen Auge haben, wie ich an einem Samstagnachmittag in der Lobby eines Colleges, das ich nicht besuche, einen Ball gegen das aufgesprühte Bild eines Löwen schlage, dann verfügen Sie über eine ziemlich gute Vorstellungskraft.

»Du stehst zu aufrecht und steif, wie eine Giraffe. Stell dir vor, du bist ausgehungert und beugst dich vor wie ein lauernder Tiger. Wie ein Tiger vor dem Sprung, lockere deine Muskeln und geh tief runter«, sagte Steve. Sämtliche Karate-Kid-Träume, die ich im Kopf hatte, wurden gleichzeitig wahr.

Nachdem ich 30 Minuten lang gegen die Wand verloren hatte, entschied Steve, dass ich gegen ihn spielen solle. Einer der Schlüssel zum Tischtennis ist der Tisch. Er macht 50 Prozent des Namens aus. Ich war unsicher, wie Steve dieses Kunststück vollführen wollte, aber noch einmal: Wer weiß, was er alles in diesem Rollkoffer bei sich führte?!

Aber er ging zur gegenüberliegenden Seite der runden Lobby. Aus sechs Metern Entfernung ließ er den Ball erst sanft auftitschen und schlug ihn dann zu mir. Da ich nie zuvor tischloses Hochschultischtennis gespielt hatte, verfehlte ich den ersten Schlag.

Ich tat mich auch ein bisschen schwer mit dem Ausmaß an Peinlichkeit. Hin und wieder spazierten Collegestudenten an uns vorbei, um zu sehen, ob die Studentenvereinigung geöffnet hatte. Wenn Sie sich einen irritierten 19-jährigen Studenten vorstellen, der einen 41-jährigen Mann anstarrt, der gegen einen älteren Sensei im Pullunder in der Lobby Tischtennis ohne Tisch spielt, dann machen Sie das wieder ganz wunderbar. Genau das ging nämlich vor sich.

Wir spielten insgesamt zwei Stunden.

In der Lobby.

Ohne Tisch.

Für die restlichen Trainingsstunden trafen wir uns in einem örtlichen Verein. Jedes Mal spielte er mir Hunderte von Bällen zu, brachte mir langsam Vorhand, Rückhand und das Schmettern bei.

Noch war ich nicht bereit für ein Turnier. Steve glaubte nicht einmal, dass ich schon weit genug für ein Spiel sei, etwas, das wir während unserer gesamten Trainingsbeziehung nicht einmal taten, die nur vier Unterrichtsstunden andauerte. Sollte sich das kurz anhören, so versichere ich Ihnen, dass es das nicht ist. Ich bin ein notorischer Neuanfänger und kein Fertigsteller, etwas viermal hintereinander zu tun ist für mich also persönlicher Rekord.

Ich habe nicht aufgehört, weil ich Tischtennis hasse. Ich habe aufgehört, weil es keinen Spaß machte. Statt mir einfach eine Platte zu kaufen und mit Freunden zu spielen, bezahlte ich 20 Dollar die Stunde, um mich von einem älteren Fremden drillen zu lassen, der mir »Kill, kill, kill« zuschrie und damit anzeigte, dass er meinen erbärmlichen Rückschlag plattgemacht hätte, wenn dies ein echtes Spiel wäre.

Egal, um was für eine Art von Ziel es sich handelt, meine Überzeugung, dass Ziele schwierig und freudlos sein müssen, wird mich auf Schritt und Tritt scheitern lassen.

Viele von uns tun das. Wir lechzen nach Herausforderungen, die uns das Leben schwer machen, aus diesem Grund sind Extremwettkämpfe derzeit auch so beliebt.

Als der Tough-Mudder-Lauf ins Leben gerufen wurde, bestand eines der zu überwindenden Hindernisse darin, ein Schlammfeld zu durchqueren, über dem Stromleitungen hängen. Dein Leben lang versuchst du, nie mit einem solchen Kabel in Berührung zu kommen, aber am Tough-Mudder-Tag bezahlst du sogar noch für diese Erfahrung.

Als ich acht Jahre alt war, habe ich die Münzrückgabetaste an einer Skee-Ball-Maschine in einem Chuck E. Cheese's gedrückt. Die Taste fehlte, und statt meine Münze zurückzubekommen, berührte mein Finger einen frei liegenden Draht. Es fühlte sich an, als würde meine Hand von einem Fleischwolf aus Feuer und Wespen gefressen.

Das ist das Gefühl, für das Sie beim Tough Mudder bezahlen.

Und vergessen Sie nicht, dass Sie vorher in ein mit Eis gefülltes Becken gesprungen sind, sodass jeder Muskel Ihres Körpers die Anweisungen Ihres Gehirns ablehnt und Sie unwillkürlich zusammenbrechen lässt. Erst dann kriechen Sie über ein Schlammfeld, wo Ihr Rücken Hunderte von Kabeln berührt. Der Teilnehmer Dino Evangelista beschrieb die Erfahrung als »Gefühl, als hätte mich ein Riese mit aller Kraft zwischen die Schultern geschlagen und im Boden versenkt«. Das T-Shirt, das Sie für die Teilnahme bekommen, sollte wahrhaft einzigartig sein.

Das sind keine Ziele, das sind Foltermethoden. Aus diesem Grund bat mich mein Therapeut, für eine Weile keine Selbsthilfebücher mehr zu lesen. Ich hatte eine Überdosis dieser öden Wälzer intus, durch die ich mich nur wie einen Versager fühlte. Ich wollte jedes neue Buch kaufen und hoffte insgeheim, es würde noch schwieriger zu befolgen sein als das vorhergehende, mit tieferem Schlamm und noch mehr Stromkabeln.

Ich dachte, Fortschritt müsse sich so anfühlen. Ich dachte, Spaß würde nicht zählen.

Das ist eine Lüge. Spaß zählt nicht nur, er ist sogar unbedingt notwendig, wenn Sie den Perfektionismus überwinden und zum Ziel gelangen wollen.

Mit Spaß zum Erfolg!

Das Verrückte ist, dass die aggressiv unspaßige Vorgehensweise gar nicht funktioniert. Es mag Sie auf Instagram gut aussehen lassen, da Sie mit Ihrer elenden Plackerei Ihre Freunde beeindrucken, aber wissenschaftlich gesehen sind freudlose Ziele zum Scheitern verurteilt.

Wenn Sie die Statistik von Zielsetzungen betrachten, sind unter den vielen Messgrößen die interessantesten beiden 1. Zufriedenheit und 2. Leistungserfolg. Das Erste bezieht sich darauf, wie Sie sich im Hinblick auf den Fortschritt gefühlt haben, und das Zweite konzentriert sich darauf, was Sie tatsächlich geschafft haben.

Eine Methode, die wirklich funktioniert, sollte beide Werte drastisch verbessern. Es bringt ja nichts, wenn ich Ihnen etwas beibringe, das Ihre Zufriedenheit steigert, Ihren Leistungserfolg jedoch mindert. Sie werden den ganzen Weg über lächeln und strahlend auf dem letzten Platz landen. Und wenn Ihr Leistungserfolg sprunghaft ansteigt, während Ihre Zufriedenheit in den Keller fällt, werden Sie ein unglücklicher Gewinner sein.

Aus diesem Grund sind manche nach außen hin sehr erfolgreichen Menschen auch die traurigsten. Sie haben bei der zweiten Kennzahl triumphiert, aber vergessen, dass die erste auch zählt. Aus diesem Grund wurde ich besser im Tischtennis, hatte aber gar keine Freude daran. Bei einer Methode, die wirklich funktioniert, müssen sowohl Zufriedenheit als auch Leistungserfolg gegeben sein. Und Spaß gehört zu den Methoden, bei denen Sie beide Kästchen ankreuzen.

Falls die Tausenden von Teilnehmern an der »30 Days of Hustle Challenge« irgendein Anhaltspunkt sein können, dann der, dass das Auswählen eines Ziels, das Sie für angenehm halten, die Wahrscheinlichkeit der Zufriedenheit um 31 Prozent steigert. Das ist vielleicht die offensichtlichste wissenschaftliche Schlussfolgerung, die je gezogen wurde. Natürlich wird Ihr Zufriedenheitslevel steigen, wenn Sie etwas tun, das Ihnen Spaß macht. Kleine Bemerkung am Rande: Eis essen macht Spaß!

Aber hier endet die Forschung nicht. Der zweite Vorteil, wenn Sie etwas auswählen, das Ihnen Spaß macht, besteht darin, dass der Leistungserfolg um 46 Prozent steigt. Ihre Leistung verbessert sich, wenn Sie etwas auswählen, von dem Sie annehmen, dass es Ihnen Spaß macht.

Eine Studie nach der anderen hat das bestätigt. Das gängigste Vorurteil über Hochleistung ist, dass sie aufreibend, mühsam und schwierig sein muss. Bei der Untersuchung von Eliteschwimmern stellten die Wissenschaftler zu ihrer Überraschung fest, dass die Schwimmer sogar beim Frühtraining um 5:30 Uhr »lebhaft waren, lachten, sich unterhielten und gut gelaunt waren«. Sie fuhren fort: »Es ist falsch, zu glauben, dass sich Spitzensportler aufopfern müssen, um ihre Ziele zu erreichen. Häufig haben sie nicht das Gefühl, überhaupt Opfer bringen zu müssen. Es gefällt ihnen.«[11]

Kriechen Sie durch den Schlamm, so viel Sie wollen. Küssen Sie mit offenem Mund Stromkabel. Stecken Sie sich beißwütige Muränen in die Hose. Es ist mir egal. Der beste Weg, etwas zu erreichen, ist genau das Gegenteil von all dem. Spaß ist nicht optional. Er ist notwendig, wenn Sie den Perfektionismus ausmerzen und etwas zu Ende bringen wollen.

Grünkohl macht keinen Spaß

Und wenn nun Ihr angestrebtes Ziel an sich keinen Spaß macht?

Abzunehmen macht nicht von Haus aus Spaß.

Wirklich nicht.

Das Gefühl zu haben, sich übergeben zu müssen, weil Sie auf einem Laufband trainieren, macht keinen Spaß.

Durch Übungen zu stolpern, die Sie jetzt noch nicht wirklich beherrschen, macht keinen Spaß.

Früh aufzustehen macht keinen Spaß.

Honigsüße Bücher über positives Denken, die Ihnen etwas anderes erzählen wollen, sind dämlich.

Aber denken Sie daran, dass die Abkürzung nicht darin besteht, »etwas zu finden, das Spaß macht«; die Abkürzung lautet: »Wenn Sie etwas zu Ende bringen wollen, müssen Sie dafür sorgen, dass es Ihnen Spaß macht.« Das beinhaltet Handeln. Sie müssen die dazu nötige Arbeit verrichten. Wie?

Stellen Sie sich folgende Frage: »Wie könnte mir dieses Ziel mehr Spaß machen?«

Verrückt, oder? Ich weiß. Ich bin ein Visionär.

Die meisten von uns fügen ihren Zielen keinen Spaß hinzu. Haben Sie sich je diese Frage bei einem von Ihnen angestrebten Ziel gestellt? Hat ein Vorgesetzter im Job Ihnen eine Strategie für das dritte Quartal vorgestellt und dann gesagt: »Nicht vergessen, das muss Spaß machen!« Falls Sie je an Silvester einen Neujahrsvorsatz gefasst haben: Haben Sie dafür gesorgt, dass dieser Spaß macht? War das eine Voraussetzung? War das etwas, das Sie vorgesehen haben?

Spaß gehört nicht zu unserem Vokabular, wenn es um harte Arbeit, Anstrengung oder Disziplin geht. Aber das ist ein weiteres Beispiel, wie wir gegen den Perfektionismus in die Offensive gehen können. Wenn wir den Perfektionismus mit den eigenen Waffen schlagen, indem wir sagen, dass Spaß tatsächlich wichtig ist, werden wir die Aufgabe sehr viel wahrscheinlicher fertigstellen.

Jeremy Cowart fand einen Weg, wie ihm sein Ziel Spaß macht, indem er Help-Portrait gründete. Cowart, ein überregional erfolgreicher Fotograf, wollte »etwas zurückgeben«. Das ist ein ziemlich verbreitetes Ziel, und die meisten Menschen können sich nicht vorstellen, dass es Spaß macht. Sie denken sofort: »Ich muss für jemanden ein Haus bauen, ein Freizeitzentrum anstreichen oder in der Suppenküche helfen.« Wir beginnen unsere ehrenamtliche Arbeit nie, indem wir sagen: »Welcher gemeinnützige Dienst könnte mir wirklich Spaß machen?« Und meist verzichten wir dann darauf, etwas zurückzugeben.

Cowart machte Spaß zu seiner Priorität. Nachdem er ein Jahrzehnt lang Menschen wie Taylor Swift und Garth Brooks fotografiert hatte, kannte er die Macht eines guten Fotos. Er wusste von dem Selbstvertrauen und der Freude, die daraus entstehen, wenn man sich selbst sieht, wie man für ein Porträt gestylt ist. Er wusste auch, dass er an dem Projekt dranbleiben würde, wenn es ihm nur genügend Freude machte. Er begann bei einer Veranstaltung, die jedes Jahr an Hunderten von Orten rund um die Welt abgehalten wird, kostenlose Porträts anzubieten. Die Menschen wurden kostenlos geschminkt, saßen für einen Fotografen mit sechsstelligem Honorar Modell und nahmen dann oft das einzige Porträt mit nach Hause, das jemals von ihnen angefertigt wurde.[12]

Bis heute sind bei Help-Portrait mehr als eine halbe Million Fotos entstanden.

Wissen Sie, was Jeremy nicht getan hat? Er hat weder einen Hammer noch einen Pinsel geschwungen. Wieso? Er ist darin nicht gut – aber vor allem macht es ihm keinen Spaß. Und er weiß: Je mehr Spaß ihm etwas macht, desto länger wird er an etwas arbeiten, das anderen Menschen hilft.

Es ist einfach, in dieser Geschichte den Spaß zu erkennen. Aber was ist, wenn Sie nicht wissen, wie Sie etwas so gestalten können, dass es Ihnen Spaß macht? Wo fangen Sie an? Es gibt zwei Stellen.

Spaß hat zwei verschiedene Seiten – wählen Sie aus

Ben Rains ist Finanzberater, aber Berechnungen überzeugen seine Klienten nur selten, die besten Entscheidungen zu treffen. Er kann die Zahlen auflisten. Er kann die Daten perfekt berechnen. Er kann Flussdiagramme und Grafiken erstellen, bis seinem Drucker die Tinte ausgeht, aber bis er eine bestimmte Frage über seine Klienten beantwortet hat, spielt all das keine Rolle.

Was macht nach Meinung der Klienten wirklich Spaß?

Jeder, mit dem er sich zusammensetzt, um über Finanzen zu sprechen, bringt etwas Einzigartiges mit an den Tisch. Diese Menschen sind von unsichtbaren Strömungen gebeutelt, zum Beispiel wie ihre Eltern mit Geld umgingen, als sie selbst heranwuchsen, vom Zustand ihrer Liebesbeziehungen, davon, was ihnen am wichtigsten ist, sowie eine Million anderer Faktoren. In den zehn Jahren, in denen er Menschen half, fand er jedoch heraus, dass die Motivationen von Klienten in zwei Kategorien aufgeteilt werden können:

1. Belohnungsmotivation
2. Vermeidungsmotivation

Sobald die Belohnung detailliert und klar ist, wird bei einigen Menschen eine Motivationsmaschine angeworfen. Sobald der Weg in den Ruhestand oder die Collegefinanzierung geplant ist, laufen sie schwungvoll darauf zu.

Menschen, die von einer Belohnung motiviert werden, besitzen etwas, das Psychologen als Annäherungsmotivation bezeichnen. Sie sind darauf gepolt, die Belohnung zu erreichen, die das Umsetzen eines bestimmten Ziels hervorbringen wird. Sie werden von der positiven Auswirkung angetrieben. Das ist ihre Version von Spaß. Zu sehen, wie in einem Onlinegeschäft ihr erster Verkauf zustande kommt, ist die Vorstellung, die sie sich ständig vor Augen halten, wenn sie ein neues Geschäft aufbauen. Sich eine Jeans anzuziehen, die jahrelang zu eng gewesen ist, und loszuziehen, um sich neue Klamotten in einer kleineren Größe zu kaufen, ist das Wichtigste. Die Freiheit zu haben, etwas zu kaufen, ohne nervös den Kontostand checken zu müssen, ist ein Hochgefühl. Sie sind motiviert durch die Belohnung in Kombination mit dem Erreichen eines Ziels.

Bei anderen bewegt eine Belohnung die Nadel kein bisschen. Das hübsche Zukunftsbild ist viel zu weit weg, es ist zu langweilig oder zu sicher. Vom Ruhestand zu träumen, wenn du 30 bist, ist so, als würde man 15-Jährigen sagen, sie würden eines Tages einen tollen Job bekommen, wenn sie sich jetzt auf die Schule konzentrieren.

Diese Menschen werden nicht von dem motiviert, was sein könnte, wenn sie handeln; sie werden angetrieben von dem, was womöglich *nicht* sein wird, wenn sie *nicht* handeln. Die Angst, dass ihre Kinder möglicherweise nicht aufs College gehen können, lässt sie nachts nicht schlafen. Eine Zukunft ohne Altersruhesitz, in der sie bis zu ihrem Tod arbeiten müssen, jagt ihnen solche Angst ein, dass sie handeln. Die Angst vor der Zukunft zwingt sie, die Gegenwart zu verändern.

Das bezeichnet man als Vermeidungsmotivation. Menschen, die auf diese Weise motiviert werden, versuchen nicht, ein gewünschtes Ergebnis zu erlangen, sondern sie versuchen, ein unerwünschtes Ergebnis zu vermeiden. Die Angst ist in diesem Fall kein Feuer speiender Drache, sie ist ein Kübel voller Eiswasser, sie ist ein Wecker, der sie aufrüttelt, ihnen einen Tritt in den Hintern versetzt, damit sie sich in Bewegung setzen. Ich spüre diese Art von Angst jedes Mal, wenn ich mich darauf vorbereite, bei einer Veranstaltung eine Rede zu halten. Ich übe intensiver für die Rede, weil ich nicht die Erfahrung machen will, zu scheitern.

Natürlich verbinden wir den Begriff »Angst« zunächst einmal nicht spontan mit Spaß, aber wenn Sie auf Vermeidungsmotivation gepolt sind, wissen Sie genau, wovon ich rede. Es versetzt einen in einen gewissen Rausch, gerade noch mal davonzukommen oder die Deadline im letzten Moment einzuhalten. Abgewendete Katastrophen können sehr motivierend sein.

Es gibt Zeiten, da funktionieren Witze nicht. Es gibt Zeiten, da mag mich das Publikum nicht. Das liegt aber nicht daran, dass ich schlecht vorbereitet war. Meine größte Angst ist, dass ich für einen einstündigen Vortrag gebucht werde und nach 20 Minuten mein gesamtes Material verschossen habe. Stehe ich erst einmal auf der Bühne, hat sich die Angst verflüchtigt. Aber die Vorstellung, dort oben festzusitzen mit den heißen Scheinwerfern, den starrenden Augen und erwartungsvollen Gesichtern, obwohl ich nichts mehr zu sagen habe, verfolgt mich. So gesehen bin ich nicht jemand, der Menschen gefallen will, sondern jemand, der vermeiden will, ihnen zu missfallen. Nicht gerade das beste Prädikat. Aber ich arbeite daran.

Der Applaus ist mir nicht sonderlich wichtig. Ich mag das Lachen, genieße es, aber noch stärker motiviert mich die Stille. Ich arbeite hart daran, witzig oder interessant oder hilfreich zu sein, damit ich nicht missfalle. Mich motiviert nicht das Streben nach Jubel, mich motiviert das Vermeiden von Hohngelächter.

Mein Lieblingsmoment bei Veranstaltungen ist, wenn ich auf dem Flughafenparkplatz in mein Auto steige. Dann weiß ich, dass ich es geschafft habe. Ich habe es geschafft. Ich habe es nicht vermasselt. Ich war vorbereitet und es ist erledigt.

Wenn die Angst Sie motiviert, dann bekämpfen Sie diese nicht wie einen Widersacher. Nutzen Sie sie.

Cus D'Amato, Trainer von Floyd Patterson und Mike Tyson, kannte die Bedeutung von Angst. »Du musst die Angst verstehen, damit du sie manipulieren kannst. Angst ist wie Feuer. Du kannst es für dich arbeiten lassen: Es kann dich im Winter wärmen, dein Essen kochen, wenn du hungrig bist, dir Licht spenden, wenn es dunkel ist, und Energie erzeugen. Die Angst ist ein Freund außergewöhnlicher Menschen.«[13]

Zu verstehen, welche Art von Spaß Sie antreibt, sei es das Hinbewegen auf eine rosige Zukunft oder das Vermeiden düsterer Katastrophen, ist eine wichtige Information, die Sie haben müssen.

Was also ist es?

Eltern mit zwei Kindern verstehen diese Übung, denn was das eine Kind motiviert, langweilt das andere. Den Zugang zu einem Videospiel gestrichen zu bekommen, motiviert ihre Tochter, ihr Zimmer aufzuräumen. Zu demselben Videospiel den Zugang zu verlieren, lässt ihre andere Tochter gähnen. Sie ist sowieso stärker gemeinschaftsmotiviert und mehr als froh, eine einsame Beschäftigung wie diese aufzugeben.

Wurden Sie in der Vergangenheit von Angst oder Belohnung angetrieben? Inspiriert Sie die Vorstellung, erfolgreich in den Hafen zurückzusegeln oder auf hoher See einen Schiffbruch zu verhindern? Oder wie der Autor Jonathan Fields es ausdrückt: Besteht Ihr Ziel darin, ein Scheitern von sich wegzuschieben oder einen Sieg an sich heranzuholen?[14]

Nicht zu erkennen, was »Spaß macht« oder motiviert, ist ein häufiger Grund, warum Ziele scheitern. Es ist so, als hätten Sie den richtigen Wagen, aber den falschen Schlüssel. Das habe ich einmal vor dem Fitnessstudio erlebt. Auf dem Parkplatz bat mich eine Frau um Hilfe mit dem Wagen ihres Mannes. Der Funkschlüssel funktionierte einfach nicht. Die Türen blieben verschlossen, der Schlüssel passte nicht und nicht einmal der Kofferraum ließ sich öffnen. Nach ein paar Runden um den SUV sah ich mir den Schlüsselanhänger genauer an und entdeckte ein großes VW darauf. Das war kein Problem, abgesehen davon, dass es sich bei diesem Wagen um einen Ford handelte. Dann wandte ich mich um und sah einen weißen VW Jetta mit offenem Kofferraum auf der anderen Seite des Parkplatzes stehen. Sie hatte in der Umkleidekabine aus Versehen den Schlüssel von jemand anderem eingesteckt.

Wenn Sie die falsche Motivationsform einsetzen, werden Sie den Wagen nie zum Laufen bringen. Ein Arzt sagt Ihnen, dass Sie ernste gesundheitliche Probleme bekommen werden, wenn Sie nicht abnehmen. Das ist eine Vermeidungsmotivation, aber wenn Sie durch Belohnungen motiviert werden, werden sämtliche Warnungen dieser Welt wirkungslos an Ihnen abprallen. Eine bessere Vorgehensweise würde vermutlich darin bestehen, eine Belohnung zu suchen, wie zum Beispiel fit genug zu sein, um mit dem Fahrrad durch die Cinque Terre in Italien zu fahren, einen Küstenstreifen, der sich über fünf idyllische Dörfer zwischen Genua und Pisa erstreckt.

Wenn Ihr Chef Sie einem Projekt zuteilt, das niemand haben will, mit einem Team, das niemand mag, dann ist die Versuchung groß, darauf zu warten, dass irgendeine Motivation auftaucht. Aber wenn Sie auf Inspiration warten, werden Sie nie etwas zu Ende bringen. Wählen Sie stattdessen jene Art der Motivation, die Sie am meisten brauchen, und verbinden Sie diese mit so vielen Teilen des Projekts wie möglich.

Motiviert Sie die Angst vor der Deadline? Erstellen Sie ein Dutzend kleinere Deadlines innerhalb des Projekts. Motiviert Sie die Belohnung, von anderen für Ihre Bemühungen anerkannt zu werden? Produzieren Sie wöchentlich Updates, in denen Sie die Fortschritte des Projekts beschreiben, und schicken Sie diese an die Stakeholder. Werden Sie von Belohnungen motiviert? Spicken Sie den Weg mit Ihren ganz persönlichen Prämien. Als für den Autor Sammy Rhodes der Abgabetermin eines Großprojektes nahte, versprach er sich als Belohnung einen Film, wenn er den Termin einhielt. Die Verheißung eines Freitagnachmittags im Kino erleichterte ihm die Arbeit am Donnerstag.

Wenn Sie sich zwischen Angst und Belohnung entscheiden, müssen Sie wissen, dass der Perfektionismus Ihnen sagen wird, dass Sie keins von beiden brauchen. Echte Gewinner brauchen keine Motivation. Sie machen einfach ihren Job. Sie brauchen weder Belohnungen noch Bestrafungen, weder Zuckerbrot noch Peitsche. Sie bleiben einfach fleißig. Eine Belohnung bedeutet schummeln. Sie sind besser als das. Die harte Arbeit ist sich selbst Belohnung genug.

In dem Moment, in dem Sie etwas in der Art hören, wissen Sie, dass Sie auf dem richtigen Weg sind. Der Perfektionismus wird nur laut, wenn Menschen sich in Bewegung setzen.

Echte Menschen nutzen echten Spaß auf echte Weise

Eine Freundin von mir postete auf Instagram, dass sie auf Flugreisen einem Laster in flüssiger Form fröne. Was sie getrunken hat? Selterswasser.

Richtig, Sie ignoranter Heide, ihr Laster ist Selterswasser – nicht einmal Tonic. Sie trinkt pures Selterswasser. Na, wie miserabel fühlen Sie sich jetzt wegen Ihrer Lebensführung? Zu meinen Lastern gehört das Ignorieren einer Portionsgrößenempfehlung. Haben Sie je eine ganze Packung von etwas gegessen und dann erst die Aufschrift »Familienpackung« oder »Vorratspackung« gelesen? Die Portion war nicht für Sie allein gedacht.

Dennoch hat sich diese bewundernswerte Freundin mit einem Selterswasser belohnt. Warum? Weil das, was jemandem Spaß macht, etwas ganz Persönliches und deshalb oft seltsam ist.

Aus diesem Grund zünde ich eine Balsam-Zedernholzkerze an, wenn ich mich hinsetze, um dieses Kapitel zu schreiben. Dabei ist gerade gar nicht Dezember, der offizielle Monat von Balsam- und Zedernholzduft. Das ist so, als würde man sich Mariah Careys Weihnachtsalbum im Juni anhören. Das ist mir aber egal. Ich lebe nach meinen eigenen Regeln.

Ich liebe den Duft von Balsamholz. Vermutlich habe ich ihn entdeckt, als ich eine Axt gekauft habe, die ich nie wirklich benutzt habe. Der Wald verändert einen Mann anscheinend. Aber wie auch immer es angefangen hat, ich bin jedenfalls ein Riesenfan dieses Dufts. Er riecht nach Weihnachten und Rentier und Glück. Für die Arbeit an diesem Buch kaufte ich also bei Yankee Candle eine Kerze mit sechs Stunden Brenndauer. Ich verpflichtete mich, sie nur während der Arbeit an diesem Buch brennen zu lassen.

Das erinnerte mich auch daran, dass die meisten Menschen nicht nur entweder das eine oder das andere sind, wenn es um Belohnungs- oder Vermeidungsmotivation geht. Angst motiviert mich, wenn ich meine Reden vorbereite, aber eine Belohnung motiviert mich, mich anzustrengen, wenn es ums Schreiben geht.

Das war für mich ein zweifaches Vergnügen. Und zwar einmal der Duft, so magisch wie der Atem eines Einhorns. Und zweitens, zu sehen, wie das Wachs schmilzt. Ich wollte die Kerze ganz abbrennen lassen. Ich stellte mir vor, das leere Glas anschließend in mein Regal zu stellen. Ich würde es triumphierend betrachten, wohl wissend, dass ich diese Kerze eigenhändig besiegt hatte.

Ist das seltsam? Ja. Allerdings.

Aber das ist nicht verrückter, als fünf Tage hintereinander morgens um 5 Uhr ins Fitnessstudio zu gehen, damit man ein kostenloses T-Shirt bekommt. Genau das haben Heerscharen von Leuten während der Hell Week in meinem Fitnessstudio getan, eine einwöchige Foltertour, die mit einem kostenlosen T-Shirt endete. Für jeden Tag bekam man auf einer großen Tafel einen orangefarbenen Stern neben seinen Namen.

Der Sticker mochte ein bisschen an den Kindergarten erinnern, aber ich versichere Ihnen, dass ich gesehen habe, wie erwachsene Leute sich wie Kinder über jeden verdienten Stern gefreut haben.

Das Schräge funktioniert, und der Perfektionismus hasst es. Natürlich tut er das. Wenn er schon das Gegenteil von Spaß ist, können Sie sich vorstellen, wie sehr er dann erst alles Schräge verachtet? Perfektionismus handelt von Übereinstimmung, vom Formen und Anpassen Ihrer Leistung an einen eingebildeten Standard, der unerfüllbar ist.

Manchmal kann man zwei Fliegen mit einer Klappe schlagen, statt sich zwischen Belohnung oder Verlust zu entscheiden. Als Emily Bortz mit ihrer Schwester ums Abnehmen wetteiferte, musste der Verlierer dem Gewinner eine Massage bezahlen. Zusätzlich zur Motivation durch die Belohnung einer Massage können Sie motiviert sein durch die Angst, für eine Massage bezahlen zu müssen, die Sie nicht selbst bekommen.

Okay, wir haben unser Kontingent an Abnehmbeispielen nun ausgeschöpft, aber wie ist es mit etwas Langweiligem wie Hausarbeit? Im Folgenden die Vorgehensweise von Stephen Nazarian, einem meiner Leser.

»Ich habe eine endlose >Schatz, mach mal<-Liste für Arbeiten am Haus. Viele der Punkte beanspruchen 15 bis 20 Minuten Zeit (wie das Austauschen von Schalterabdeckungen oder das Aufhängen eines Bildes). Wenn ich groggy vom Tag bin und mich im Jacuzzi entspannen will, zwinge ich mich, eine kurze Aufgabe von der Liste zu erledigen. Wenn ich damit fast fertig bin, drehe ich das Wasser für die Wanne auf und lasse sie volllaufen, während ich meine Aufgabe beende. Das habe ich mittlerweile so oft getan, dass ich mich im Jacuzzi gar nicht mehr entspannen kann, ohne vorher etwas Produktives getan zu haben. Pawlow wäre stolz auf mich.«

Gibt es etwas Seltsameres, als ein Jacuzzi zu benutzen, um sich auf mehr Produktivität zu konditionieren? Ich denke *nicht*. Deshalb gefällt mir Stephen.

Die Größe der Belohnung kann genauso variieren wie die Art. In einem Jahr habe ich mich entschieden, mich bei jeder Geschäftsreise damit zu belohnen, dass ich den Mietwagen upgrade.

In Seattle habe ich den Mitarbeiter bei Enterprise gefragt, wie viel es kosten würde, meinen Wagen upzugraden. Er schaute in seinem Tablet nach und sagte: »Ich kann Sie aus Ihrem Mietvertrag für die Nähmaschine, mit der Sie jetzt herumfahren, herausholen und Ihnen stattdessen einen Infiniti für 20 Dollar am Tag anbieten.« In Charlotte bezahlte man für einen nagelneuen Volvo 15 Dollar pro Tag. In Dallas kostete ein Cadillac 20 Dollar.

Das mag nicht nach einer großen Belohnung aussehen, aber wenn Sie je geschäftlich reisen mussten, wissen Sie, dass schon kleine Dinge viel bewirken können. Ich würde in Seattle drei Stunden in dem Wagen zubringen. Ein schnelles Spaß-Auto zu fahren, verbesserte diesen Trip enorm und kostete mich nur 20 Dollar.

Das war eine kleine Belohnung. Als ich den ersten Entwurf dieses Buches beendet hatte, kaufte ich mir Skistiefel. Ich hatte bereits eine Vorauszahlung auf das Buch erhalten und hätte sie mir früher kaufen können, aber das hätte die Belohnung ruiniert.

Was ist mit dem anderen Fall, wenn Angst Ihr Motivator ist? Häufig ist es schwierig, sich eine Bestrafung für das Nichterreichen des Ziels auszudenken, aber haben Sie keine Angst davor, kreativ zu sein. Der Mitschöpfer der Sendung *Billions* und Mitautor des Films *Rounders* Brian Koppelman hatte einst ein Drehbuch, das er einfach nicht finanziert bekam. Leute aus der Branche sagten ihm, es sei unmöglich wegen des düsteren Themas. Die Financiers würden niemals mitmachen. Es war eine hoffnungslose Situation. Endlich, nach ein paar frustrierenden Monaten, wandte er sich an Nike.com und entwarf ein Paar unglaublich hässlicher Sneakers. In grellem Pink war der Name des Films, an dem er gerade arbeitete, quer über die Schuhe geschrieben. In diesen Schuhen musste er herumlaufen, bis der Film fertiggestellt war. An jenem Tag verpflichtete er sich dazu, täglich mindestens eine Sache in Angriff zu nehmen.

Seltsam? Sicher. Aber fragen Sie Michael Douglas, ob es ihm gefiel, die Hauptrolle in dem Film *Solitary Man* zu spielen, dessen Finanzierung Brian gelang.

Der Radiomoderator David Hooper engagierte einst einen Coach, der eine interessante Herangehensweise an das Angst-versus-Belohnung-Spektrum hatte. Er ließ Hooper einen Scheck ausstellen, den der Coach an jene Partei schicken würde, die Hooper am meisten hasste, wenn er seine Ziele nicht erfüllte. Der Coach hatte den Scheck, alles lief also ganz automatisch ab. Wenn David nicht an seinem Ziel arbeitete, würde der Kandidat, den er nicht leiden konnte, eine kleine Unterstützung bekommen. Am schlimmsten war, dass er von da an auf der Adressenliste der Partei stehen würde, eine Albtraum-Datenbank, der du nie wieder entkommst, mein Freund!

Was wird Ihre Belohnung sein? Oder, falls Angst Ihr Motivator ist, was droht Ihnen?

Denken Sie daran, der Perfektionismus wird Ihnen sagen, dass es nicht darauf ankommt, Spaß zu haben. Schlimmer noch, er wird Ihnen sagen, dass das Einsetzen von Belohnungen oder Ängsten als Motivation zum Erreichen Ihrer Ziele eine Krücke sei. Sie wären der Einzige mit albernen, lächerlichen, seltsamen Systemen.

Aber das sind Sie nicht.

Gerade jetzt feile ich vermutlich an einem Vortrag, den ich irgendwo halten werde, damit es kein Reinfall wird. Ich zünde eine Kerze an, die nach Wald riecht, damit ich weiterschreibe. Eine nicht berufstätige Mutter geht shoppen, weil sie das gewünschte Abnehmziel erreicht hat, das ihr eine Belohnung gestattet.

Je mehr Spaß Sie einem Ziel zuordnen, sei es in Form von Angst oder Belohnung, desto größer ist die Wahrscheinlichkeit, dass Sie es durchziehen.

Wie Sie 100 Bücher im Jahr lesen

Im Januar und Februar 2017 las ich 18 Bücher. Das war zweifellos das meiste, was ich je in so kurzer Zeit gelesen habe. Im ganzen Jahr 2016 habe ich vermutlich weniger gelesen.

Wie ich das geschafft habe? Wie hat der Kerl, der dieses Buch mit dem Geständnis anfing, dass er nur 10 Prozent der Bücher in seinem Besitz bis zu Ende liest, eine solche Wende vollzogen? Ich setzte Spaß ein.

Als Erstes erweiterte ich die Definition dessen, »was zählt«. Ich entschied, dass Hörbücher dazuzählen. Nicht einfach nur Hörbücher, sondern Hörbücher mit anderthalbfacher Geschwindigkeit. Einige Bücher werden soooo langsam vorgelesen. Außerdem setzte ich kein Seitenlimit an, ab wann etwas als Buch gilt. Wenn ich einen 120-seitigen Aufsatz eines Wirtschaftsautors lesen wollte, dann zählte das. Im Laufe des Jahres las ich ein paar 700-Seiten-Bücher, aber nicht jedes Buch, das ich in die Hand nahm, musste so dick sein wie ein Telefonbuch. Ich entschied mich auch, Comics zu lesen. Sobald ich das online kundtat, erwiderte jemand: »Zählen Comics denn auch?«

Was spricht dagegen? An welchem unsichtbaren Standard sollte mein persönliches Ziel, 100 Bücher in einem Jahr zu lesen, gemessen werden? Auf wessen Qualitätskriterien basierend sollte ich mein Ziel beurteilen? Ich stellte Regeln auf und entschied, dass es mir Spaß machen sollte. Ich mag Hörbücher und ich mag Comics, also sorgte ich dafür, dass beides zählte.

Außerdem achtete ich darauf, spaßige Belohnungen für mich zu etablieren. Jedes Mal, wenn ich ein Buch ausgelesen hatte, durfte ich eine Kurzbesprechung auf Instagram mit dem Hashtag #Acuff-ReadsBooks posten (Sie können den Hashtag sofort checken, alle Buchbesprechungen sind noch online). Mir gefielen die Diskussionen, die jeder Post entfachte, und ich bekam von den Leuten immer tolle Empfehlungen für andere Bücher. Aber das war nicht das Spaßige daran.

Es hat Spaß gemacht, zu sehen, wie es immer mehr wurden. Ich bin ein Zahlentyp, und mitanzuschauen, wie die Liste länger wurde, die Sammlung der Bilder jedes Mal anschwoll, wenn ich eines beendete, gefiel mir. Auch Publikum motiviert mich. Es machte mir gar nichts aus, dass Leute Dinge sagten wie »Wow, du liest dieses Jahr eine Menge Bücher!« Tue ich, Fremder, danke für die Anerkennung. Sogar von Menschen, die ich nicht kannte, Bestätigung zu bekommen, hat mir wirklich Spaß gemacht.

Das ist ein bisschen peinlich. Der Perfektionismus sagte mir, dass ich nicht auf den Beifall anderer Menschen angewiesen sein sollte, um mein Ziel zu erreichen. Ich sollte in der Lage sein, mich durch meine eigene Zufriedenheit zu motivieren. Ich war eitel und bedürftig. Jemand, der cleverer ist und ein gesünderes Selbstwertgefühl hat, müsste nicht anderen mitteilen, was er macht.

Vielleicht nicht. Ich wette, dieser perfekte Mensch trennt auch akribisch den Müll, selbst wenn er bei Whole Foods isst, wo es 19 verschiedene Mülleimer gibt und du eine halbe Stunde brauchst, um deinen Abfall zu entsorgen. Aber so bin ich nicht.

Wie bin ich dann?

Ich bin der Typ, der 2017 mehr als 100 Bücher gelesen hat, weil ich einen Hashtag und ein bisschen Unterstützung von irgendwelchen Followern spaßig fand.

Die Wahrheit über Spaß

Hart an etwas zu arbeiten, das uns egal ist, nennt man Stress. Hart an etwas zu arbeiten, das wir lieben, nennt sich Leidenschaft.

Simon Sinek[15]

Der Perfektionismus muss dieses Buch hassen. Lassen Sie uns die drei Aktionen betrachten, die ich empfehle:

1. Halbieren Sie Ihr Ziel.
2. Entscheiden Sie, was Sie vernachlässigen können.
3. Sorgen Sie für Spaß, wenn Sie etwas zu Ende bringen wollen.

Das einfachste Zielsetzungsbuch aller Zeiten.

Im Ernst, was für eine Aufgabe ist »Sorgen Sie für mehr Spaß«?

Ich verrate es Ihnen. Es ist die Art von Aufgabe, die statistisch gesehen funktioniert.

Es ist die Art von Aufgabe, die den Perfektionismus ausmerzt.

Es ist die Art von Aufgabe, die Sie über die Ziellinie bringt.

Aber wenn Sie wirklich dorthin wollen, müssen Sie zuerst etwas aufgeben. Es ist Zeit für Sie, aus dem Versteck zu kommen und Ihre ehrenwerten Hindernisse zu ignorieren.

Aktionen:

1. Auf einer Skala von 1 bis 10: Wie viel Spaß macht Ihnen das Ziel, an dem Sie arbeiten könnten?
2. Entscheiden Sie, ob Sie durch Angst oder Belohnung motiviert werden.
3. Spaß ist oft seltsam (siehe Balsamholzkerze). Um es etwas konkreter zu machen, beenden Sie den folgenden Satz: »Es ist seltsam, aber mir macht _____ Spaß.«
4. Suchen Sie sich drei kleine, spaßige Sachen aus, die Sie mit Ihrem Ziel verbinden.

Kapitel 5

Kommen Sie aus Ihrem Versteck und ignorieren Sie ehrenwerte Hindernisse

2004 kreierte ich einen unglaublich erfolgreichen Fantasy-Basketball-Newsletter.

Vielleicht fragen Sie sich jetzt, ob es einer der vielen Fantasy-Basketball-Newsletter gewesen ist, die Sie während jener Tage des digitalen NBA-Journalismus gelesen haben. Könnte sein, mein Freund, könnte sein.

Jede Woche tauchte ich tief ein in die vielen Hochs und Tiefs des Managens eines Fantasy-Basketballteams. (Sportfans wie ich bezeichnen den NBA als »Witwenmacher«. Knallharte Liga.)

Ich habe jedes Team besprochen, Dutzende von Spielern und die in den Daten verborgenen Trends. Meine Texte waren nicht staubtrocken, ich würzte sie mit Humor. Alle dachten wohl, Sie würden nur eine Analyse der Spitzenrebounds in der Liga bekommen, aber dazu gab es noch ein Schmunzeln und möglicherweise sogar eine Lebensweisheit.

Manche Ausgaben waren zehn Seiten lang mit Tausenden von Wörtern über die undurchsichtigsten Details. Es war harte Arbeit, aber die Leser, genau genommen die Fans, waren es wert.

Wie viele Menschen den Newsletter jede Woche lasen? Wie viele Menschen sich an meinem hart erarbeiteten Basketballwissen erfreuten? Acht.

Nicht 8000. Nicht 800. Nicht einmal acht Dutzend. Meine gesamte Leserschaft bestand aus ganzen acht Personen. Warum also widmete ich diesem Newsletter jede Woche mehrere Stunden?

Weil es so viel einfacher war, als ein Buch zu schreiben.

Am Anfang jedes Ziels konzentriert sich der Perfektionismus darauf, es mit einem gnadenlosen Frontalangriff zu zerstören.

Er sagt Ihnen, dass Sie es sein lassen sollen, wenn es nicht perfekt ist.

Er sagt Ihnen, dass Ihr Ziel nicht groß genug sei.

Er warnt Sie davor, auch nur mit dem Gedanken zu spielen, es zu einem Spaß zu machen.

Aber wenn Sie daran festhalten, wenn Sie sich weigern, den Perfektionismus Ihr Ziel verunglimpfen zu lassen, wird er seine Taktik ändern. Ganz unerwartet wird er von der Zerstörungswut zur Ablenkung umschwenken.

Wenn er Ihre Festungsmauer nicht mit einem gezielten Schlag einreißen kann, wird er Sie belagern.

Je näher Sie der Vollendung kommen, desto interessanter wird alles andere in Ihrem Leben. Es ist, als hätten Sie eine Ablenkungsbrille aufgesetzt. Dinge, die Ihnen nie zuvor aufgefallen sind, tauchen auf und tanzen verlockend in Ihrer Fantasie. »Wäre es nicht besser, das Bücherregal aufzuräumen, statt dieses Projekt zu beenden? Hast du dein Fantasy-Footballteam in letzter Zeit aktualisiert? Da gibt es doch dieses Buch, das sagt, wie wichtig das Netzwerken ist. Vielleicht solltest du diesen Papierkram ignorieren und schnell eine Runde durchs Büro drehen, um deine Kontakte zu pflegen?«

Wenn wir es wagen, uns zu konzentrieren, betteln 1000 andere Dinge um unsere Aufmerksamkeit.

Jeder hat schon mal den Begriff »Paralyse durch Analyse« gehört. Sie stecken darin fest, den perfekten Plan zu erstellen, und müssen aufpassen, weil Sie sonst nie dazu kommen, die Sache wirklich anzugehen.

Aber der Perfektionismus bietet uns darüber hinaus zwei unterschiedliche Ablenkungen:

1. Verstecke
2. Ehrenwerte Hindernisse

Ein Versteck ist eine Aktivität, auf die Sie sich statt auf Ihr Ziel konzentrieren.

Ein ehrenwertes Hindernis ist ein tugendhaft klingender Grund, nicht auf ein Ziel hinzuarbeiten.

Beide sind Gift für Ihre Fähigkeit, etwas fertigzustellen.

Verstecke

Sprechen wir zunächst über die Verstecke. Ein Versteck ist der sichere Ort, an den Sie gehen, um sich vor Ihrer Angst zu verstecken, etwas zu vermasseln. Es ist die Aufgabe, die Ihr Perfektionismus Ihnen stellt, indem er Ihnen das Gefühl gibt, damit erfolgreich zu sein, selbst wenn Sie Ihr Ziel auf diese Weise vermeiden.

Manche Verstecke lassen sich schnell als unproduktive Fallen enttarnen. Wenn Sie jedes Mal Netflix schauen, wenn es für Sie an der Zeit ist, X zu tun, dann ist das ein Versteck. Sie haben Angst, der Furcht vor Unvollkommenheit gegenüberzutreten, die mit jedem Bemühen einhergeht, also verstecken Sie sich davor, indem Sie etwas tun, das keine Befähigung erfordert. Sie könnten einen schlechten Satz in Ihrem Blog schreiben, aber Ihre Art des Fernsehguckens wird bestimmt niemand kritisieren – »Ich finde, er könnte beim Vorspann schneller vorspulen.«

Andere Verstecke können produktiv wirken, aber das trügt. Wie Treibsand. Treibsand sieht nicht sonderlich anders aus als ein normaler Strand. (Wenn Sie die Google-Bildersuche »Treibsand« mit der Suche nach Frauen in Bikinis kombinieren, weil eine einfache Internetsuche keine Ergebnisse bringt, bekommen Sie ein paar sehr langweilige Fotos von Sand.) Treibsand sieht aus wie ein Strand bei Ebbe. Tatsächlich ist es jedoch eine Suspension aus Wasser und Sand, und wenn Sie sich draufstellen, gibt der Boden unter dem Druck nach.

Genauso heimtückisch sind Verstecke. Sie geben Ihnen das Gefühl, gut voranzukommen, obwohl Sie in Wahrheit bei Ihren wichtigsten Projekten keinerlei Fortschritte machen.

Meine Frau Jenny stellt mich wegen meiner Verstecke ständig zur Rede. Eines Nachmittags sagte sie: »Ich weiß, dass du dem Schreiben aus dem Weg gehst, wenn dein Posteingangsfach leer ist.«

Wie bereits erwähnt, hasse ich E-Mails. Ich hasse mein Posteingangsfach. Ich hasse alles an dieser Art der Kommunikation. Aber wenn etwas anderes ansteht, das ich fertigstellen muss, liefert es mir das perfekte Versteck. Es ist nie abgearbeitet. Es gibt immer noch einen weiteren Ordner, den man leeren kann, und einen weiteren Kontakt, bei dem man sich mal wieder melden müsste. Ich kann eine perfekte E-Mail schreiben und mich großartig dabei fühlen, wie hart ich arbeite.

Der beste oder schlimmste Teil ist, wenn Sie Ihr Posteingangsfach leeren, indem Sie Leuten antworten. Das garantiert quasi, dass die anderen darauf reagieren werden, was bedeutet, dass sich Ihr Eingangsfach wieder füllt. Es ist ein nie endender Kreislauf, wie die Gezeiten des Meeres. Außerdem kann ich es damit rechtfertigen, dass ich sage, ich würde Geld verdienen, indem ich auf Gelegenheiten reagiere. Ich kann mich fühlen wie ein guter Geschäftsinhaber, der Kundenfragen beantwortet. Mit sehr wenig echter Arbeit verschaffe ich mir die Illusion, etwas zu leisten.

Wenn ich nicht so viel E-Mails hätte, würde ich das beste Buch aller Zeiten schreiben! Oh, grausame Welt, und deine ständigen E-Mails. Ich wünschte, ich hätte nicht andauernd so viel zu tun.

Wenn Sie etwas fertigstellen wollen, müssen Sie diese beiden Verstecke ignorieren. Hier sind ein paar einfache Möglichkeiten, sie zu identifizieren:

1. Merken Sie, dass Sie unbeabsichtigt dort landen?
   Sie blinzeln nur kurz und stellen plötzlich fest, dass Sie an etwas anderem als Ihrem eigentlichen Ziel arbeiten? Dann haben Sie vermutlich Versteck Nummer eins nachgegeben: dem offenkundigen Zeitverschwender. Man landet niemals unbeabsichtigt bei der Arbeit an einem schwierigen Projekt. Die Arbeit,

der Sie aus dem Weg gehen wollen, ist nichts, über das Sie eines Tages zufällig stolpern, nach dem Motto »Ich schaute kurz auf, und da war ich doch dabei, sämtliche Bewerbungen durchzugehen, die die Leute geschickt hatten. Diese Aufgabe hatte ich seit Wochen immer wieder aufgeschoben, und jetzt war ich plötzlich mittendrin!«. Sie werden auch niemals unbeabsichtigt Sport treiben: »Ich wollte eigentlich Fernseh gucken, aber dann wird mir plötzlich bewusst, dass ich gerade Liegestütze mache!« Schwierige Arbeit erfordert Disziplin. Die Verstecke, die der Perfektionismus anbietet, nicht. Sie müssen sich nicht dazu auffordern, an den Nägeln zu kauen, wenn Sie das gewohnheitsmäßig tun. Es passiert einfach. Vor allem bei Stress. Gibt es ein Projekt, zu dem Sie immer wieder zurückkehren? Oder eines, das Sie nicht loslassen können? Einmal habe ich Stunden mit dem Versuch zugebracht, eine perfekte Postkarte für The Home Depot zu entwerfen. Schließlich kam mein Chef zu mir und machte mich darauf aufmerksam, dass sich niemand an diese Postkarte erinnern würde. Aber sämtliche Führungskräfte, an die wir berichteten, würden den neuen Katalog bewerten, für den ich die Texte schreiben sollte. Der Katalog repräsentierte einen gewaltigen Wandel in unserem Geschäft und stellte eine echte Herausforderung dar. Ich spielte also lieber mit der Postkarte herum, als mich mit dem Katalog zu beschäftigen. Es war um vieles leichter, versehentlich in das Postkartenprojekt zurückzustolpern, als an dem größeren Projekt zu arbeiten. Welche App öffnen Sie an Ihrem Handy, ohne auch nur darüber nachzudenken? Wir alle haben ein paar davon. Sie rühren Ihr Handy kaum an, und auf einmal scrollen Sie durch Instagram.

2. Müssen Sie um sechs Ecken herum argumentieren, um zu rechtfertigen, warum Sie dafür Zeit aufwenden?
   Falls Sie eine komplizierte, mehrstufige Erklärung dazu abgeben müssen, warum das, was Sie tun, wertvoll ist, dann ist es das wahrscheinlich nicht. Vermutlich kampieren Sie gerade in

einem von diesen Verstecken, die sich als Produktivität maskieren. Ich hätte argumentieren können, dass das Unterhalten einer Fantasy-Basketball-League mich lehrte, mit regelmäßiger Informationsvermittlung ein Publikum aufzubauen. Das hat den perfekten Anschein, hilfreich zu sein, bis Sie die Zwiebel ein bisschen schälen. Wenn Sie Tage und Wochen damit verbringen, ein Publikum aufzubauen, das die witzige Art mag, wie Sie über Basketball berichten, was bringt Sie darauf, zu glauben, dasselbe Publikum würde Ihre komischen Erkenntnisse über Zielsetzung mögen? Wie sollte dieser Transfer funktionieren? »Sie wissen, wie sehr Ihnen meine Ausführungen über Michael Jordans vertikale Sprünge gefallen, wie wäre es also mit einem Buch, das ich über meine Unfähigkeit schreibe, Projekte fertigzustellen? Erkennen Sie jetzt, wie eng beide zusammenhängen?« Aber das tun sie nicht. Ich müsste um mehrere Ecken argumentieren, um zu rechtfertigen, wieso mein Basketball-Newsletter mir hilft, ein Buch zu schreiben. Steht das, woran Sie arbeiten, in unmittelbarem Zusammenhang mit dem, was Sie fertigstellen wollen, oder ist es über ein paar Ecken herum damit verbunden, und es bedarf einiger Kreativität, um das zu erklären?

3. Was denken Ihre Freunde?

   Wenn Sie ein Versteck aufspüren wollen, fragen Sie einen Freund. Es ist leicht, sich selbst vorzumachen, dass eine Aufgabe nützlich sei, und wir können diese nicht so schnell als Versteck identifizieren, wie es ein Freund vermag. Fragen Sie jemanden, der Ihnen nahesteht, ob Sie Zeit, Energie oder Geld auf etwas verwenden, das nicht wichtig ist für Ihre Ziele – und hören Sie nicht auf den Perfektionismus, wenn er Ihnen davon abrät, das zu tun. Der Perfektionismus liebt die Isolation. Er bevorzugt es, wenn Sie im Alleingang handeln. Er überzeugt Sie davon, dass Sie mogeln, wenn Sie sich auf andere verlassen. Sie sollten einfach stark genug sein, um niemanden zu brauchen. Das ist lächerlich. Wieso sagt er Ihnen das? Weil es einfacher ist, eine einzelne Person zu besiegen als ein ganzes Team. Und die meisten der furchtbarsten Entscheidungen, die Sie je getroffen haben, haben Sie allein getroffen. Deshalb.

Das Ziel dieser Fragen ist, ein paar von Ihren Verstecken zu identifizieren.

Haben Sie die Verstecke erst einmal identifiziert, besteht der nächste logische Schritt darin, die Zeit, die Energie und das Geld, das Sie in die Verstecke investieren, für Aktivitäten aufzuwenden, die Ihnen am meisten bei Ihren Zielen helfen.

Wenn Sie Songs für ein Album schreiben wollen, dann tun Sie, was dafür nötig ist. Ich habe keine Ahnung, welche Dinge das sind, aber ich weiß, dass sie Zeit, Energie und vermutlich Geld erfordern.

Wenn Sie eines dieser Verstecke identifiziert haben, sollten Sie aufhören, dort Zeit zu verbringen. Die Stunde, die Sie mit Fernsehgucken verbringen, ist für immer vergangen. Sie könnten, wie Bon Jovi es besungen hat, »mit eiserner Faust aufwachen und dem Morgen einen Zungenkuss geben«[16], aber diese Stunde wird nie wiederkehren. Krasse Zeile in einem Liebeslied. Was bedeutet das überhaupt? Wenn Sie jemanden in einem Flugzeug sehen würden, der von einem Schläfchen erwacht und dem Morgen einen Zungenkuss gibt, würden Sie den Sky Marshal rufen.

Energie ist ein bisschen schwieriger zu messen als Zeit, aber sie ist genauso teuer. Einstein machte seine größten Entdeckungen in der Zeit, als er seinen überaus langweiligen Job beim Patentamt ausübte. Warum? Weil seine stumpfsinnige Tätigkeit ihm nicht die Kreativität raubte. Voller Reserven kam er nach Hause.[17] Geben Sie Ihre Energie nicht in Verstecken aus, wenn Sie es verhindern können.

Und geben Sie schlussendlich kein Geld für Ihre Verstecke aus. Wenn Sie es sich nicht leisten können, in das Fitnessstudio zu gehen, in das Sie wirklich möchten, könnten teure Urlaube möglicherweise ein Versteck sein.

Ihre Menge an Zeit, Energie und Geld ist begrenzt. Das ist bei uns allen so.

Wenn es irgendetwas gibt, das diese Reserven angreift, seien Sie auf der Hut.

Die andere Seite der Medaille ist, dass manche Dinge keine Ablenkungen sind, sondern Verpflichtungen.

Zum Beispiel ist Ihr Firmenjob vielleicht nichts, das Sie lieben, aber er ist kein Versteck, sondern eine Verpflichtung. Dieser Verpflichtung Zeit und Energie zu widmen ist etwas, was Sie tun sollten. Ihre Kinder sind keine Ablenkung. Dieser Punkt war schwierig für mich, denn als meine Kinder klein waren, wollten sie auf einmal mittags nicht mehr schlafen. Wenn Sie keine Kinder haben, dann klingt das vielleicht nach keiner großen Sache, aber wenn Sie Kinder haben, dann wissen Sie genau, wie anstrengend das ist. Und wir haben das nicht besprochen oder darüber abgestimmt. Eines Tages haben sie es einfach entschieden. Weißt du was? Wir sind durch mit der Mittagsschlaferei. Du weißt schon, diese 90 Minuten, die du jeden Samstagnachmittag so geschätzt hast? Die gehören jetzt uns. Wir sind jetzt die Befehlshaber.

Und, einfach so, gab es sie nicht mehr.

Genau das wird auch Ihnen widerfahren. Ihr Kind wird ein Jahr lang jeden Morgen zur gleichen Zeit aufwachen, exakt bis zu dem Morgen, an dem Sie entscheiden, schon früh mit der Arbeit an etwas zu beginnen. An diesem Morgen wird Ihr Kind früher aufwachen als zuvor und Ihnen unendlich viele Fragen über Fruchtzwerge go! stellen. Aber das ist okay. Ihre Kinder sind Verpflichtungen. Genau wie Ihre Gesundheit. Genau wie Ihr Ehegatte.

Aber dieses Projekt, an dem Sie ständig arbeiten, statt bei Ihren Träumen voranzukommen? Diese Stunden, die Sie damit verbringen, X zu tun, statt das, worauf es wirklich ankommt? Es ist Zeit zu erkennen, dass der Friede, den Verstecke Ihnen vermitteln, nur eine Täuschung ist. Diese Plätze schützen Sie nicht – sie halten Sie vielmehr davon ab, Ihre Ziele zu erreichen. Es ist Zeit, Verstecke als die Perfektionismusfallen zu enttarnen, die sie sind, und hinauszutreten ins Licht.

Und, noch viel wichtiger: Es ist Zeit, Ihre Versteckaktivitäten in Werkzeuge zu verwandeln, die Ihnen helfen, es bis ans Ziel zu schaffen.

Zeit für ein bisschen Judo

Wie jeder weiß, der mit Verstecken zu kämpfen hat, ist eine der verlässlichsten Methoden, sich in ein neues Ziel zu verlieben, der Versuch, ein altes Ziel fertigzustellen.

Sie waren nie kreativer mit neuen Ideen als dann, wenn Sie das alte Ziel fast fertiggestellt haben.

»Was kommt als Nächstes?« wird stets interessanter wirken als »Was steht jetzt an?«.

Sie müssen wissen, dass in dem Moment, in dem Sie ein Ziel aussuchen und es mit Spaß versehen, ein neues Ziel, das ein echtes Versteck ist, in Ihrem Kopf auftaucht. Ich meine nicht irgendwann, ich meine nicht später, ich meine nicht an Tag 14, ich meine an Tag 1. Bevor Sie auch nur den Hafen verlassen haben, wird irgendein anderer Hafen Ihren Namen rufen.

Mit dieser Versuchung konfrontiert, werden Sie das Schlimmstmögliche tun: Sie werden versuchen, sie zu töten.

»Ich muss mich konzentrieren«, werden Sie sich sagen.

»Ich muss das ignorieren«, werden Sie schreien.

Innerhalb weniger Minuten werden Sie wieder bei Ihrer alten Gewohnheit sein, sich noch mehr anzustrengen. Wenn Sie sich nur noch mehr anstrengen, werden Sie sich nicht so ablenken lassen. Stichwort Perfektionismus.

Aber wenn das hier nun keine Ablenkung, sondern eine großartige Idee ist? Wenn diese neue Sache, die scheinbar aus dem Nichts aufgetaucht ist, in Wirklichkeit etwas ist, das Sie unbedingt tun sollten? Wenn es nun die beste Idee ist, die Sie je hatten, und sie wurde nur durch Ihre viele Anstrengung an die Oberfläche gespült?

Ich weiß nicht, ob das so ist, aber ich weiß, dass dies genau das falsche Mittel ist, um sie zu ignorieren.

Sie zu bekämpfen ist Energie- und Zeitverschwendung. Heißen Sie sie stattdessen willkommen. Erkennen Sie an, dass diese Idee möglicherweise fantastisch ist. Und dann machen Sie es zur Bedingung für die Fertigstellung Ihres aktuellen Ziels, diese Idee zu erforschen.

Beim Judo stoppen Sie die Kraft Ihres Gegners nicht, Sie nutzen sie. Sie nehmen seinen Schwung, sein Gewicht und seine Stärke auf. Sie stemmen sich nicht gegen einen vorstoßenden Gegner, Sie lehnen sich zurück und bringen Ihren vorstürmenden Gegner dadurch unerwartet ins Stolpern. Genau das sollten Sie auch tun, wenn eine Ablenkung sich lautstark zu Wort meldet.

Ich wollte zum Beispiel einen Podcast erstellen. Das wollte ich schon eine ganze Weile, aber ich habe nicht wirklich eine Leidenschaft dafür entwickelt, bis ich versuchte, dieses Buch zu beenden. Sie wären überrascht, wie attraktiv dieser Podcast wurde, sobald ich mich an die Arbeit machte, das hier zu schreiben. Ich konnte meine zukünftigen Hörer herunterrattern, die Fragen auflisten, die ich Ihnen stellen würde, und mich darüber auslassen, wie ich mit Leichtigkeit meine Hörerschar vergrößern würde.

Statt mich zu schämen und zu versuchen, das Projekt zu ignorieren, setzte ich es direkt hinter die Ziellinie für dieses Buch.

Ich sagte nicht »nie«, ich sagte »später«.

Sie wollen sich eine Belohnung verschaffen, die Sie wirklich lieben? Wenn neue Ideen oder neue Ziele aufleuchten, setzen Sie sie auf die Ziellinie. Versuchen Sie nicht, sie zu ignorieren, im Gegenteil, lassen Sie sie leuchten. Lassen Sie sie heller strahlen als die Mittagssonne. Sorgen Sie lediglich dafür, dass sie zur Ziellinie zeigen.

Kein Podcast, bevor dieses Buch fertig ist.

Keine andere Diät, bis Sie die durchgezogen haben, die Sie bereits machen.

Keine anderen kleinen Geschäftsideen, bis Sie die ursprüngliche realisiert haben.

Spicken Sie Ihre Ziellinie mit den Traumzielen, die Sie derzeit als Verstecke nutzen, und Sie werden sehen, wie schnell Sie auf Ihr ursprüngliches Ziel zurennen.

Vorsicht vor ehrenwerten Hindernissen!

Ein ehrenwertes Hindernis ist das, was Ihnen der Perfektionismus als Nächstes in den Weg stellt, sobald Sie die Verstecke im Griff haben. Es ist der »sehr gute Grund«, aus dem Sie Ihr Ziel nicht verfolgen können. Der Perfektionismus wird Ihnen sagen: »Wenn du das tust, dann kannst du es auch genauso gut gleich richtig machen.« Und wenn wir die Vorstellung von »richtig« undefiniert lassen, wird es in der Regel auf eine von zwei Arten kompliziert.

Bei einem ehrenwerten Hindernis von der ersten Sorte erklärt Ihnen der Perfektionismus auf raffinierte Weise, dass Sie nicht auf Ihr Ziel hinarbeiten können, *bevor* Sie nicht etwas anderes getan haben: »Ich kann X nicht vor Y tun.« Bei der zweiten Sorte Hindernis sagt Ihnen der Perfektionismus, dass das Erreichen Ihres Ziels schlechte Ergebnisse hervorbringen oder Sie zu einem schlechten Menschen machen könnte.

Angehende Unternehmer bringen oft ihre Sorge zum Ausdruck, sie könnten zu Workaholics werden, wenn sie eine Firma gründen. Sie seien nur einen Schritt entfernt von einer schmutzigen Scheidung, wenn sie es wagten, es bei ihrem Ziel auf einen Versuch ankommen zu lassen, und das sei es einfach nicht wert. Besser auf Nummer sicher gehen und nur darüber nachdenken, was sie hätten tun können, wenn sie es wirklich gewollt hätten. Sie wenden sich nicht von dem Geschäft ab, sie schützen lediglich den heiligen Stand der Ehe. Wie ehrenwert.

Ein ehrenwertes Hindernis ist auch der Grund, warum Bill nie seine Garage aufräumen wird.

Bill weiß, dass er sein Ziel nie erreichen wird. Jedes Mal, wenn er sich auf schmalen Pfaden durch Berge von Krempel kämpft, ist er sich sehr wohl der Tatsache bewusst, dass er es vermutlich nie schaffen wird, diese Garage aufzuräumen, solange er lebt. Das denkt er vermutlich nicht jedes Mal, wenn er sich etwas zu trinken aus dem Kühlschrank holt, weil es eine ziemlich düstere Vorstellung ist, aber es ist wahr.

Ich mache ihm keine Vorwürfe. Das eine Mal, als ich unsere Garage aufgeräumt habe, fand ich eine circa 30 Zentimeter große norwegische Hafenratte. Das ist seltsam, da wir weder in der Nähe eines Hafens noch in Norwegen leben. Diese Tiere werden weiterhin als »Wanderratte« oder auch als »Wir-müssen-das-Haus-verkaufen-Ratte« bezeichnet. Ich wünsche Ihnen von Herzen, dass Ihre Garagenratte denen in *Mrs Brisby und das Geheimnis von NIMH* ähnelt, statt die Kabel Ihres Autoradios zu zernagen, aber es kommt leider immer anders.

Ich weiß nicht, ob Bill Ratten hat, aber ich weiß, dass er seiner Frau nicht mitteilen kann, dass er nie die Garage aufräumen wird.

Wenn er also dazu aufgefordert wird, sagt er stattdessen: »Super Idee! Mache ich. Lass uns zuerst einen Garagenflohmarkt veranstalten!«

Oberflächlich betrachtet fühlt sich das an wie der beste Schritt in Richtung Umsetzung des Ziels.

Er streitet nicht, sondern er stimmt dem Projekt sogar begeistert zu. Er willigt nicht nur ein, er ergänzt das Projekt sogar noch um eine Idee, wie sie damit Geld verdienen können. Eine richtige Win-win-Situation.

Aber seine Frau weiß, was er da tut.

Bill macht nicht etwa den ersten Schritt in Richtung Aufräumen der Garage, nein, er etabliert ein ehrenwertes Hindernis.

Im Kern ist ein ehrenwertes Hindernis der Versuch, Ihr Ziel schwieriger zu gestalten, als es sein muss, sodass Sie es nicht erreichen müssen und trotzdem gut dastehen.

Einen Fantasy-Basketball-Newsletter statt eines Wirtschaftsbuchs zu schreiben ist ein Versteck.

Zu entscheiden, dass Sie das Buch nicht schreiben können, bevor Sie nicht 100 Wirtschaftsbücher aller Epochen gelesen haben, ist ein ehrenwertes Hindernis.

Bill und seine Frau veranstalteten in den 20 Jahren ihrer Ehe nicht einen einzigen Garagenflohmarkt. Er hat nie einen gewollt. Er geht am Wochenende nie zu so etwas. Er hat dieses Thema nie zuvor erwähnt, bis er mit dem Rücken zur Wand stand. In dem Moment schuf er ein ehrenwertes Hindernis.

Denken Sie nur einmal an die unzähligen Arbeitsschritte, die ein Garagenflohmarkt erfordert, bevor das eigentliche Ziel erreicht wird: eine leere Garage. Hier sind nur ein paar der zusätzlichen Aufgaben:

1. Den perfekten Tag für den Verkauf festlegen, dafür die Wettervorhersage lesen, Ihre Reisepläne und die Fußballspiele der Kinder gegenchecken.
2. Bei der Stadtverwaltung nachfragen, um sicherzugehen, dass es nicht irgendwelche seltsamen Vorschriften bezüglich Garagenflohmärkten gibt.
3. Schilder anfertigen, die auf den Verkauf hinweisen: *Wanderratte sucht neues Zuhause.*
4. Die Schilder anbringen.
5. »Garagenflohmarkt« auf Pinterest recherchieren, damit Ihr Verkauf so ansprechend wirkt wie ein Cake-Pop.
6. Die Garage aufräumen, um herauszufinden, was Sie da eigentlich verkaufen.
7. Gegenstände in die Kategorien »verkaufen«, »wegwerfen«, und »behalten« sortieren.
8. Sich Preise für die zu verkaufenden Gegenstände überlegen.
9. Die Gegenstände mit Preisschildern versehen.
10. Die Gegenstände in Ihrer Einfahrt ausstellen.
11. Zur Bank gehen, um sicher zu sein, genügend Wechselgeld für die beiden Menschen auf diesem Planeten zu haben, die tatsächlich immer noch bar bezahlen.
12. Ein PayPal-Konto einrichten.
13. Den Verkauf abhalten.
14. Mit den Verrückten verhandeln, die normalerweise auf privaten Flohmärkten kaufen.

15. Die Gegenstände durchgehen, die nicht verkauft wurden.
16. Nicht verkaufte Gegenstände in die Garage zurückräumen.

Aus einem Ein-Schritt Ziel – Garage aufräumen – wurde so ein Projekt mit 16 Schritten.

Kein Wunder, dass Bill bei diesem ehrenwerten Hindernis nie etwas in puncto Garage unternehmen wird. Seine Frau wäre froh, wenn er die Garage einfach nur mit einem Flammenwerfer entkernen würde, aber im Angesicht eines so ehrenwerten Hindernisses sind ihr die Hände gebunden.

Und damit ist Bill nicht allein. Wir alle haben unsere ehrenwerten Hindernisse. Auch Sie haben welche.

»Ich muss erst noch …« ist ein Totschlagargument

Manche ehrenwerten Hindernisse sind ganz persönlich und einzigartig. Sie sind für Sie maßgeschneidert und unmöglich einzeln in einem Buch aufzuführen, das Millionen Menschen lesen werden. (Um das einmal herbeizureden.) Andere sind gängig und leicht zu definieren wie die Redewendung »Ich muss erst noch …«. Ich habe sie in meinem Leben selbst schon oft gebraucht.

»Ich kann meine Steuer jetzt noch nicht machen, ich muss erst wissen, wie ich mein Geschäft genau aufziehe.«

Das habe ich zu einem Freund gesagt, der mich daraufhin auslachte.

Ich versuchte ihm zu sagen, ich müsse erst noch einen tieferen Sinn und eine echte Unternehmensmission für meine Geschäftsidee finden – darüber hatte ich auch schon etwas geschrieben –, und das nicht nur für mein Geschäft, sondern eigentlich auch für mein ganzes Leben. Erst dann könne ich meine Steuererklärung angehen. »Ich muss erst noch …« ist Perfektionismus im Halloween-Kostüm.

Karen will nicht mit ihrem Blog anfangen, bis sie sich bei einem Copyright-Anwalt informiert hat.

Sie macht sich Sorgen, dass ihr Blog so erfolgreich wird, dass jemand den Inhalt stehlen könnte. Sie schrieb mir eine E-Mail und brachte ihre Angst zum Ausdruck, dass dieser Dieb ihre Tantiemen an T-Shirts, Schaumstoffhüten und die Comicadaption stehlen könnte. Ich bin Schriftstellerkollege und kann Ihnen gar nicht sagen, wie viel Geld ich durch die florierende Schaumstoffhutbranche gemacht habe.

Diese Sorgen mögen absurd wirken, aber wie oft sind Sorgen schon rational?

Dies ist ein tolles Beispiel für die erste Variante ehrenwerter Hindernisse, denn wie leicht ist es denn bitte, einen guten Copyright-Anwalt zu finden? Und wenn sie so sind wie die Anwälte, mit denen ich zusammengearbeitet habe, dann sind sie teuer. Bevor sie mit dem Schreiben anfängt, muss Karen also auf das Anwaltshonorar sparen. Brillant!

Ich kenne Typen, die sagen, sie können nicht mit Sport anfangen, bis sie nicht das beste Trainingsprogramm gefunden haben. Sie wollen keinen Fehler machen und sich für das falsche entscheiden. Also suchen sie gar keins aus, weil sie keine Zeit zum Recherchieren haben.

»Ich muss erst noch … « ist eine Hürde, die Sie aufstapeln, bis der Weg so verstopft ist, dass Sie unmöglich noch heute anfangen können. Heute ist nicht der beste Tag, um anzufangen.

Das Verzwickte daran ist, dass »Ich muss erst noch … « oft den Deckmantel der Verantwortung trägt. Es gibt vor, dass es nicht um Faulheit geht, sondern vielmehr darum, zu gewährleisten, dass alles in Ordnung ist, bevor Sie anfangen. Es wäre dumm, sich zuerst ein super Abrechnungssystem auszudenken, noch bevor ich weiß, worum es bei meinem Geschäft überhaupt geht. Sobald ich eine Kernaufgabe habe, wird sich alles andere schon fügen. Jedes Detail schon im Voraus regeln zu wollen, ist verlorene Liebesmühe.

Bevor ich weiß, welches Essproblem ich habe, kann ich nicht länger als gestern in zügigem Tempo um den Block walken.

Bevor ich weiß, wovon mein ganzes Buch handelt, kann ich nicht die ersten 100 Wörter schreiben.

Bevor ich weiß, wo der ganze Krempel überall in meinem Haus hin soll, kann ich dieses eine Zimmer auch nicht aufräumen.

Bevor ich das perfekte Ziel gefunden habe, kann ich an gar nichts arbeiten. Genau das stellt so vielen Menschen bei »30 Days of Hustle« ein Bein. Ein Teilnehmer sagte: »Ich habe so viele Ideen und kann für jede sagen, warum sie >die eine< ist. Dadurch arbeite ich an mehreren Dingen gleichzeitig, aber immer nur mit halbem Einsatz.«

Solange ich die Ablenkungen nicht losgeworden bin, bringe ich gar nichts zustande. Wenn wir glauben, wir müssten all diese Ablenkungen eliminieren, bevor wir unsere Aufgabe angehen können, werden wir nie so weit kommen. Es wird immer noch eine wunderbare Ablenkung geben. Unser Verstand wird alles tun, um die Herausforderung zu vermeiden, sich auf etwas zu konzentrieren.

Sobald Sie merken, dass sich die Worte »ich muss erst noch … « in Ihrem Mund bilden wollen, spucken Sie sie aus wie Rosenkohl, der ohne Speck serviert wurde. Wie ekelhaft ein Gemüse ist, kann man immer an der Menge Speck erkennen, die zugefügt wurde, um es genießbar zu machen.

Wenn ... dann

Apropos genießbar machen. Nur wenige ehrenwerte Hindernisse sind so witzig wie die von Männern, die mir sagen, sie würden keinen Sport treiben, weil sie nicht »zu muskulös« werden wollen. Sie haben noch nicht ein einziges Gewicht gestemmt und fürchten bereits, dass sie Bodybuilder-Jogginghosen anziehen müssen wegen der dicken Muskelpakete, die sie ihrem Körper antrainiert haben. »Ich würde ja gerne trainieren, aber ich kann es mir nicht leisten, mich komplett neu einzukleiden. Ich würde so viele Proteindrinks trinken, dass meine schnellen Muskelfasern durch die Decke schießen würden.«

Diese Kerle wenden die zweite Variante der ehrenwerten Hindernisse an. Statt zu sagen: »Ich muss erst noch ...«, sagen sie :»Wenn ... dann«. Sie behaupten, dass etwas Schlimmes passieren wird, wenn sie ihr Ziel verfolgen. Möglicherweise wird es sie in ein Monster verwandeln. Möglicherweise wird es sie zu einem schlechten Menschen machen. Wie dem auch sei, da sie kluge und liebe Jungs sind, können sie ihr Ziel nicht verfolgen.

Die zweite Variante der ehrenwerten Hindernisse zeigt sich oft, wenn es um Finanzen geht. Vielleicht entscheiden Sie sich gegen gesundes Essen, denn gesunde Lebensmittel zu kaufen würde Sie arm machen. Jeder weiß, dass Taco Bell um einiges billiger ist als etwas, das frei laufend und Gras weidend aufgewachsen ist. Wenn Sie also in Hinsicht aufs Geld klug sein wollen, hören Sie auf, sich auf Ihr Ziel zuzubewegen. Oder wenn Geld kein Faktor ist, können Sie jederzeit Bescheidenheit als ehrenwertes Hindernis angeben: »Ein Ziel zu verfolgen ist ein einsames Unterfangen und daher ziemlich egoistisch.«

Ob Sie ein »Wenn ... dann«-Hindernis aufbauen, können Sie daran erkennen, dass sich dann nur zwei extreme Optionen anbieten. Entweder sie treiben gar keinen Sport oder Sie nehmen so viel ab, dass Sie sich neue Jeans kaufen müssen und ständig Fotos von sich in den alten Jeans schießen, wie sie den Bund von sich weghalten, um Ihren Fortschritt zu demonstrieren. Entweder Sie gründen gar keine Firma oder Sie gewöhnen sich an, ständig Cola zu trinken, um 24 Stunden fünf Tage die Woche wach zu bleiben. Entweder verkaufen Sie Ihr Produkt überhaupt nicht oder Sie werden der unerträglichste Staubsaugervertreter der Welt. Entweder Sie halten einen wahnsinnig aufwendigen Garagenflohmarkt mit 1000 Gegenständen ab oder Sie rühren Ihre vollgestopfte Garage überhaupt nicht an. Es gibt nichts dazwischen, nur die beiden Extreme. Das ist das Land der ehrenwerten Hindernisse.

Es ist zu schwierig

Denken Sie daran, der Perfektionismus kennt keine Grautöne, nur Schwarz oder Weiß. Sie machen es perfekt, oder Sie lassen es ganz sein.

Ehrenwerte Hindernisse sind der Grund, warum ich so lange gebraucht habe, um mir einen neuen Computer zu kaufen.

Während des vergangenen Jahres musste ich bei nahezu jeder Nutzung meines Laptops Ordner löschen. Meine Start-up-Diskette ist voll. Ich bin nicht ganz sicher, was das eigentlich bedeutet, denn für gewöhnlich, wenn ich diese Nachricht bekomme, ist mein Computer zu festgefahren, um Google zu nutzen. Also fange ich einfach an, Familienfotos zu löschen, die zu viel Speicherkapazität benötigen, bis Microsoft Word wieder arbeitet. Ich glaube, dass »Speicherkapazität« der korrekte Fachbegriff ist. Sorry, dass ich mit diesem Supernerd-Jargon ankomme.

Ich habe das Geld, um mir einen neuen Computer zu kaufen, aber es ist mir unangenehm, in diesen Apple Store zu gehen. Ich weiß nämlich nicht, wo die Kasse ist. Gibt es so etwas dort überhaupt noch oder bezahlt man dort an Kassen, die an den Hüften von Genies baumeln? Ich stelle mir vor, wie ich durch den hell erleuchteten Laden schreite und schließlich jemanden in einem einfarbigen T-Shirt anschreie: »Ich möchte einen Computer kaufen. Diesen hier!« Derjenige wird antworten: »Haben Sie einen Kauftermin an unserer Genius Bar vereinbart?« Ich werde sagen: »Ich habe keine Ahnung, was diese Wörter bedeuten. Ich habe das Geld. Kann ich Ihnen das Geld für den Computer geben?«

Er wird antworten: »Vielleicht. Wonach suchen Sie denn?« Aber das weiß ich nicht. Einen größeren. Einen schnelleren. »Wie lautet Ihr iTunes-Passwort?«, wird er fragen, aber ich habe keine Ahnung, denn jedes Mal, wenn ich eine App downloade, ändere ich es, weil ich das alte vergessen habe. Das Genie wird sagen: »Keine Sorge, wir können es anhand Ihrer Blutgruppe herausbekommen, kennen Sie die?« Nein, ich habe keine von den Informationen, die er benötigt, um den Verkauf durchzuführen, und ich kann in seinen Augen lesen, dass Apple morgen mit einem neuen, besseren Modell herauskommt. Aber das wird er mir nicht verraten.

Falls ich ihn frage, wann das neue Modell herauskommt, wird er antworten: »Nie«, aber das ist nur der Code für »Der offizielle Erscheinungstermin ist: sobald Sie Ihren Kauf abgeschlossen haben«. Es mag sich anfühlen wie heute, aber ich kaufe das Modell von gestern. Das weiß ich einfach. Morgen werden sie eine Pressekonferenz abhalten und ein dünneres Modell auf den Markt bringen, das nach Zimt duftet und Hologramme hat und eine Taste für »schreibe selbsttätig mein Buch«.

Ich werde das, was ich für meinen brandneuen Computer halte, mit in einen Coffeeshop nehmen, und die Leute werden über mich lachen, als hätte ich gerade draußen einen Esel angebunden. Das heißt, wenn ich meine Dateien überhaupt von dem alten auf den neuen Rechner übertragen bekomme. Welche Ordner, Programme, Songs, Fotos und Videos möchte ich denn überspielen? Und muss ich diese Entscheidung in dem Einkaufszentrum nahe der Orange-Julius-Saftbar treffen? Ich kenne dieses Genie kaum, und nun bewertet es die Qualität meines Lebens während der vergangenen drei Jahre anhand dessen, was ich überspiele. »Da sind aber nicht viele Urlaubsfotos. Auch nicht viele Bilder von Preisverleihungen oder Siegerehrungen. Treiben Ihre Kinder Sport? Vielleicht machen die ja etwas aus ihrem Leben.«

Außerdem fühle ich mich, als würde ich ein schlechtes Ablagesystem fortschreiben, mit dem ich vor acht Jahren begonnen habe. Es handelt sich um einen gigantischen Klumpen aus Dateien, Fotos und Screenshots von 2006. Alle fünf Jahre transferiere ich meinen Müll von einer Speichereinheit zu einer etwas größeren. Es kommt mir in etwa so vor wie das Verschieben einer Insel voller Müll vom Pazifik zum Atlantik. Noch bevor ich meinen neuen Computer das erste Mal benutze, ist er bereits halb voll mit Zeug, das ich nicht brauche.

Ich habe mich auch eine Minute lang mit einem Apple-Firmen-kundenberater unterhalten. Da ich nun Unternehmer bin, sollte ich wohl auf diese Weise einkaufen. Aber ich habe meine GmbH gerade einmal vor ein paar Wochen angemeldet und habe Angst, dass, wenn ich sage: »Ich würde gern einen Computer kaufen«, Sie mich dann nach meiner Steuernummer fragen, und ich antworte: »Zwölf! Stimmt's? Es ist doch zwölf? Das ist eine Zahl.« Aber die Antwort wird falsch sein, also drehe ich durch, erkenne, dass sie mich in Anbetracht meiner wenig überzeugenden Jeans gar nicht erst in den Laden hätten lassen dürfen. Ich versuche zu fliehen, renne iPad-Profis und Genies, Fotografen, Magister in mittelalterlicher Geschichte um wie Dominosteine. Bevor ich einen Computer kaufe, sollte ich besser mit dem Anwalt sprechen, der die Anmeldung zur GmbH abgewickelt hat.

Außerdem habe ich mein Betriebssystem seit ganzen 18 Monaten nicht mehr aktualisiert. Ich weiß nicht, ob ich Schneeleopard oder Brüllender Tiger oder Fauler Elefant bin. Ich ignoriere konsequent die »OS X Updates verfügbar«-Meldungen, hoffe, dass mein Computer am Ende ein fühlendes Wesen wird und sich selbst instand hält, mich aber nicht während des Aufstiegs von Skynet tötet.

Dieses verworrene Rattennest an Verkomplizierung war für mich ein ehrenwertes Hindernis. Ich wollte keinen neuen Computer kaufen. Ich wollte den perfekten neuen Computer kaufen. Statt also einfach einen IT-Fachmann zu engagieren, der mich ein paar Stunden durch die Installation führte, machte ich die ganze Sache so kompliziert wie möglich.

Ich wollte nicht, dass die Dinge einfacher wurden. Was bedauerlich ist, denn das ist genau das, worauf sich Fertigsteller konzentrieren.

Einfach ist nicht einfach, aber es funktioniert

Statt die Dinge schwierig und kompliziert zu machen, statt über ehrenwerte Hindernisse zu lamentieren, erhöhen Fertigsteller die Erfolgschancen, bevor sie überhaupt angefangen haben.

Die Redewendung »die Chancen erhöhen« fühlt sich ein bisschen an wie Schummeln. Gut. Soll es auch. Die Dinge, die wir in diesem Buch tun, werden sich auch weiterhin so anfühlen.

Die gute Nachricht ist, dass diese Dinge gar nicht so wahnsinnig aufwendig sein müssen. Wir reden nicht von Momenten der universellen Erleuchtung. Manchmal erhöhen Sie Ihre Chancen einfach dadurch, dass Sie Ihre Arbeitskleidung für den nächsten Tag schon am Vorabend zurechtlegen, denn früh um 6 Uhr sind Sie ein Trottel und geben auf, wenn Sie im Dunkeln nicht gleich Ihre Socken finden. Manchmal besteht der Trick einfach nur darin, wichtige Arbeiten vormittags zu erledigen, wenn Sie noch geistig frisch sind, und die monotoneren Tätigkeiten auf den Nachmittag zu legen. Manchmal erhöhen Sie Ihre Chancen dadurch, dass Sie für Ihr Kleinkind zwei Exemplare des gleichen Stofftiers kaufen, damit nicht gleich die Welt untergeht, wenn eines – und das passiert zwangsläufig – an der Raststätte außerhalb von Pigeon Forge, Tennessee, vergessen wird. Manchmal besteht das Schummeln darin, einfach nur einen Kühlerschlauch dabeizuhaben.

Das ist es, was Jason Kanupp verwendet hat. Er stellte Möbel in einer Fabrik in den Bergen von North Carolina her. Acht Stunden täglich montierte er Sofas. Er war gut darin, schaffte acht Sofas in der Stunde. So wurde er auch bezahlt, nach der Stückzahl der Sofas, weshalb er nach einer Möglichkeit Ausschau hielt, die Chancen zu seinen Gunsten zu erhöhen.

Mit der Zeit fiel ihm auf, dass der schlimmste Teil beim Montieren das Anschrauben der Füße war. Bei anderen Teilen der Fließbandmontage konnte er Werkzeuge verwenden und dadurch schneller arbeiten. Aber es schien keine Möglichkeit zu geben, die

Handarbeit zu umgehen, die das Anschrauben der Füße erforderte. Nachdem er ein bisschen herumexperimentiert hatte, kam ihm eine Idee: Wenn er ein kurzes Stück eines Kühlerschlauchs, einen Bohrer und einen Gefrierstopfen von einem Motorblock an einem Fuß anbrachte, konnte er ihn mithilfe einer Bohrmaschine festschrauben. Mit ein paar einfachen Anpassungen verkürzte er die benötigte Zeit, um die Füße zu montieren, um 50 Prozent.

Das mag nach nicht sonderlich viel klingen, aber in einer durchschnittlichen Woche ermöglichte ihm dieser Trick, seine Gesamtproduktionsmenge um zehn Sofas zu erhöhen.

Als die Firma seine Innovation sah, beförderte sie ihn und sorgte dafür, dass er seine Methode auch den anderen Mitarbeitern beibrachte. Nein, reingelegt. Sie sagten natürlich, das sei nicht fair gegenüber den anderen Mitarbeitern, und befahlen ihm, damit aufzuhören. Wenn Sie nach einer neuen Definition für Bürokratie suchen, da haben Sie sie.

Jason war enttäuscht, kündigte jedoch nicht, sondern baute weitere 19 Kühlerschlauch-Vorrichtungen, damit jeder seiner Kollegen auch eine benutzen konnte.

Jason ist ein Fertigsteller, und als solcher strebte er nach einer Sache: die Dinge einfacher zu gestalten. Notorische Neuanfänger streben in der Regel in die andere Richtung, streuen Garagenflohmarkt-Sand ins Getriebe.

Perfektionismus macht die Dinge stets schwieriger und komplizierter.

Fertigsteller machen die Dinge einfacher und unkomplizierter.

Wenn Sie das nächste Mal an einem Ziel arbeiten, sollten Sie sich mitten im Projekt folgende Fragen stellen:

1. Könnte es einfacher gehen?
2. Könnte es unkomplizierter gehen?

Wenn Bill sich diese Fragen gestellt hätte, hätte er mit seiner Frau zu einem Kompromiss finden können. Wenn er tatsächlich ein paar von ihren Digen verkaufen wollte, hätte er fünf Gegenstände aussuchen und sie auf ihrer Nachbarschafts-Website verkaufen können.

Fünf Dinge zu verkaufen ist sehr viel einfacher und unkomplizierter, als eine ganze Garage voller Zeug verkaufen zu wollen. Und wenn er dieses Ziel umgesetzt hätte, könnte er es beim nächsten Mal vielleicht schaffen, zehn oder 20 Gegenstände zu verkaufen.

Wenn Sie es erledigt haben wollen, dann machen Sie es unkompliziert.

Es ist immer noch Zeit

Der Perfektionismus wird Ihnen sagen, dass Sie so lange in Ihrem Versteck gehockt haben, dass nun keine Zeit mehr ist. Sie haben irgendein magisches Zeitfenster verpasst. Ihre Gelegenheit ist verstrichen. Lächerlich.

In den 1970ern haben zwei Autoren ein Drehbuch für einen Film geschrieben. Sie haben es nach Leibeskräften angepriesen, aber niemand war interessiert. Schließlich lag es 19 Jahre lang im Regal bei irgendeinem Filmstudio-Boss. Alle paar Jahre staubte es jemand ab und dachte: »Nee, es ist nicht gut.«[18]

Schließlich bekam es ein Agent namens Tony Krantz in die Hände. Er setzte sich dafür ein. Er war überzeugt, dass es gut war. Man machte daraus einen Fernsehfilm, und schließlich wurde es zur erfolgreichsten Drama-Serie der Fernsehgeschichte. Die Serie hieß *ER* (deutscher Titel: *Emergency Room – Die Notaufnahme*). Die Autoren, die sie fast zwei Jahrzehnte, bevor sie auf Sendung ging, verfasst hatten, waren Michael Crichton von dem berühmten Film *Jurassic Park* und Steven Spielberg von – Sie wissen schon.

19 Jahre ist eine verdammt lange Zeit, um in einem Regal zu liegen.

Ich weiß nicht, wie lange Sie sich schon vor Ihrem Ziel verstecken. Vielleicht sind es 19 Tage oder 19 Jahre, die genaue Zeit spielt keine Rolle. Das Ergebnis bleibt dasselbe.

Konzentrieren Sie sich zu sehr auf Ihre Kinder, weil Sie sich nicht eingestehen wollen, dass Ihre eigenen Ziele auch wichtig sind?

Beschäftigen Sie sich stundenlang mit Ihrer Posteingangsbox und verstecken sich, statt an Ihrem Businessplan zu arbeiten?

Vielleicht haben Sie es geschafft, aus Ihrem Versteck zu kommen, haben aber dafür Ihr Ziel verkompliziert?

Reizt es Sie, auf der Stelle zwei Fremdsprachen zu lernen?

Folgen Sie manchmal dem Lockruf eines ehrenwerten Hindernisses?

Wenn Sie sich über den Marketingplan für Ihr Buch Gedanken machen, obwohl Sie es noch gar nicht geschrieben haben, dann ist das ein ehrenwertes Hindernis.

Wenn Sie die Kohlenhydrate bis aufs Gramm abwiegen, obwohl Sie den ganzen Monat nicht eine Minute Sport getrieben haben, ist auch das ein ehrenwertes Hindernis.

Wenn Sie Recherchen über den 25. Wettbewerber in Ihrer Branche anstellen, obwohl Sie noch nicht einmal die Unterlagen für die Anmeldung zur GmbH ausgefüllt haben, ist das ein ehrenwertes Hindernis.

Ziele sind klar, aber sie sind nicht einfach zu erreichen. Sie müssen Ihr Versteck verlassen. Sie müssen Ihre ehrenwerten Hindernisse aufgeben.

Aktionen:

1. Stellen Sie sich die drei Fragen, um Ihre Verstecke zu identifizieren.
2. Nennen Sie einem Freund Ihre Verstecke. Geben Sie demjenigen die Erlaubnis und die Macht, Ihnen Bescheid zu sagen, wenn er sieht, dass Sie sich verstecken.
3. Erstellen Sie eine Liste mit »nächsten Zielen«, damit Sie einen Ort für neue Ideen haben, die Ihnen einfallen.
4. Finden Sie einen Schlauch wie Jason, der Möbelbauer. (Finden Sie Mittel und Wege, wie Sie Ihr Ziel vereinfachen können.)
5. Gestehen Sie sich sämtliche Nebenziele ein, die Sie angenommen haben, und beseitigen Sie diese.
6. Fragen Sie einen guten Freund, was er oder sie für Ihre ehrenwerten Hindernisse hält.

Kapitel 6

Verabschieden Sie sich von Ihren verborgenen Regeln

Die meisten Menschen finden, der größte Tollpatsch in der Vogelwelt sei die Kanadagans.

Jedes Jahr würde ich am liebsten tweeten: »Liebe Kanadier, eure Gänse sind wieder ausgebrochen. Bitte kommt und holt sie.« Sie sind wie ein 25-jähriger Sohn, der ständig verspricht, sich zusammenzureißen und endlich auszuziehen. Aber wenn du ihn auf dem Golfplatz siehst, wird dir klar, dass er nicht an seinem Lebenslauf arbeitet, sondern vermutlich den ganzen Tag auf Snapchat ist. Gänse reagieren beleidigt, wenn du es wagst, auf einer Straße zu fahren, die sie gerade überqueren wollen. Ihr könnt doch fliegen! Warum müsst ihr überall herumlaufen?

Gänse sind das Schlimmste oder besser gesagt das Zweitschlimmste.

Der größte Fiesling in der Vogelwelt ist zweifellos der Kuckuck.

Wenn es an der Zeit ist, ein Ei zu legen, sucht sich der völlig verantwortungslose Kuckuck ein Nest, das ein anderer Vogel bereits gebaut hat. Das Ziel besteht darin, den Kuckucksnachwuchs von einem anderen Vogel aufziehen zu lassen, damit sich die Kuckucksmutter wieder auf die Fortpflanzung konzentrieren kann. Man kann sie förmlich sagen hören: »Ich habe keine Zeit, dieses Küken aufzuziehen. Wie soll ich denn dann durch die Klubs ziehen?!« Sehen Sie da nicht auch gleich den Talkshow-Moderator Maury Povich *[Moderator der Show »Maury«, die »schockierende Geheimnisse« wie Vaterschafts- oder Lügendetektortests enthüllt, Anm. d. Red.]* vor sich, wie er zu einem nichts ahnenden Vogel sagt:

»Sie sind nicht der Vater!«

Die anderen Vogelarten schöpfen meistens keinen Verdacht. Gefiederfarben ähneln einander, und Vögel können vermutlich nicht besonders gut rechnen, also bleibt das besonders große Ei unbemerkt.

Der Kuckuck hat eine kürzere Brutdauer und schlüpft in der Regel zuerst. Wissen Sie, was er als Erstes tut? Er schubst die anderen Eier einfach aus dem Nest. Sollten die anderen Vögel bereits geschlüpft sein, wirft er auch sie hinaus, während die Mutter auf der Suche nach Futter ist.

Stellen Sie sich vor, Sie sind ein Muttervogel und haben gerade einen Wurm für Ihre vier Kinder erbeutet. Sie fliegen nach Hause, sind sowieso schon ziemlich sauer auf den Vater dieser Kinder, der sich wer weiß wo herumtreibt, und plötzlich sind da nur noch drei Vögel im Nest. Das ist komisch, denken Sie bei sich, ich könnte schwören, ich hatte vier Kinder, und warum ist das eine so viel zotteliger als die anderen?

Eines nach dem anderen sterben Ihre Kinder in einer Art *Vogel-Game-of-Thrones*. Und schließlich erweist es sich als zu anstrengend, eine Spezies aufzuziehen, die größer ist als Sie selbst. Während Sie Ihren letzten, schwachen Vogelatemzug tun, segelt über Ihnen ein Kuckuck und sagt: »Danke schön«, so wie der Jedi-Killer Kylo Ren, als er seinen Vater, Han Solo, ermordet. Na, kommen Sie, Sie hatten 18 Monate Zeit, sich den Film anzusehen. Jetzt sind Sie aber der Spielverderber.

Das Frustrierende an der Sache ist, dass es für den Muttervogel nicht so enden müsste. Manche Wirtsvögel erkennen, dass ein fremdes Ei in ihr Nest gelegt wurde. Sie werfen es hinaus oder weigern sich, auf dem Ei zu sitzen, sodass es nie ausgebrütet wird. Sie durchbrechen den parasitären Kreislauf und ziehen eine glückliche Vogelfamilie auf, ohne dass dieser Fiesling von Kuckuck alles ruiniert.

Sobald ich die schreckliche Wahrheit über Kuckucksvögel kannte, schlug ich auf jede Kuckucksuhr ein, die ich sah. Ich stellte mich vor die verschnörkelte Holzuhr, wie sie die Fans des Malers Thomas Kinkade nach wie vor besitzen, und wartete, bis es zwölf Uhr mittags wurde. Sobald der Vogel herauskam, platzierte ich den präzisesten Schwinger, den Sie je gesehen haben. Die Kunst besteht darin, den Vogel zu zertrümmern, ohne dabei die Uhr zu zerstören. Mittlerweile bin ich sehr gut darin, aber wie so oft bei solcher Kunstfertigkeit waren bis zu ihrer Perfektionierung etwa 10 000 Trainingseinheiten nötig. In den Antiquitätengeschäften von Middle Tennessee habe ich mittlerweile Hausverbot.

Wieso erkennen Sie nicht, dass ein gefährlicher Parasit bei Ihnen eingedrungen ist? Wie können Sie die Lüge übersehen? Auf dieselbe Weise, wie die meisten von uns verborgene Regeln mit sich herumtragen, die vorgeben, wie wir unser Leben zu leben haben. Das ist die Brillanz des Perfektionismus.

Im Kern ist Perfektionismus ein verzweifelter Versuch, unmöglichen Standards gerecht zu werden. Wenn wir wüssten, dass das Spiel niemals funktionieren kann, würden wir nicht spielen, also verspricht der Perfektionismus uns, dass wir nur ein paar einfachen Regeln folgen müssen. Solange wir das tun, ist das Perfekte möglich. Im Laufe der Jahre, während der Sie Zielen nachjagen, fügt der Perfektionismus deshalb Ihrem Leben still und leise immer noch ein paar Regeln hinzu.

So wie die von Rob O'Neill: »Rollen sind inakzeptabel.«

Als er eine anspruchsvolle Führungsposition als Vice President bei Viacom annahm, kaufte sich Rob eine Reisetasche für die vielen Geschäftsreisen, die er unternehmen würde.

Er suchte sich eine teure Ledertasche aus, die er als standesgemäß für eine Führungskraft seines Rangs erachtete. Doch wie es bei Luxusartikeln eben oft der Fall ist, war die Tasche zwar schön anzusehen, aber unpraktisch. Das Leder war schwer und der Tragegurt schnitt ihm in die Schulter. Über Monate jettete Rob zwischen Los Angeles und New York hin und her und verzog das Gesicht jedes Mal beim Schleppen der unbequemen Tasche, dachte aber, es müsse so sein.

Eines Abends, als er in Atlanta auf seinen Anschlussflug wartete, sah er eine Reisende, die nicht so angespannt wirkte, wie er sich fühlte. Im Gegenteil, sie war schick gekleidet und schwebte auf ihrem Weg zum nächsten Meeting scheinbar schwerelos durch das Terminal. Sie zog einen Rollkoffer hinter sich her. Sie wirkte entspannt, was etwas heißen will auf dem Flughafen von Atlanta. In dem Moment fragte sich Rob: »Wieso habe ich gedacht, Rollen seien inakzeptabel?« Er hatte diese Regel nie laut ausgesprochen, aber irgendein Teil von ihm hatte entschieden, dass Rollen nicht zählten. Geschäftsreisen mussten anstrengend sein. Sie mussten kräftezehrend sein. Sie mussten frustrierend sein.

In jener Woche bestellte er sich einen Rollkoffer, und das Thema war für ihn endgültig erledigt.

Irgendwann hatte er die Vorstellung verinnerlicht, dass es nicht zählte, Rollen zu benutzen. Aber es ging nicht nur um die Rollen. Dahinter verbarg sich die viel wichtigere Regel: »Damit etwas zählt, muss es schwierig sein.« Viele Top-Performer schleppen solche Regeln mit sich herum. Wenn etwas Spaß macht und sie sich dabei gut fühlen, dann zählt es nicht.

Spaß wird in dem Fall zu einem Indikator dafür, dass sie sich nicht genug anstrengen oder nicht genügend Fortschritte machen.

Sie müssen diesen Gedanken zu Ende denken, dann kommen Sie auf die Regel »Wenn es mir nicht schlecht geht, tue ich nichts Produktives«.

Das ist so verrückt wie ein kleiner Vogel, der nicht merkt, dass ein riesiger Vogel in seinem Nest sitzt, der nicht die geringste Ähnlichkeit mit den anderen Küken hat. (Ähnlich wie beim hässlichen Entlein, das zum Schwan heranwächst, mit dem Unterschied, dass in diesem Fall der Schwan alle anderen ermordet.)

Sie haben ein paar verborgene Regeln, die es Ihnen wirklich schwer machen, Dinge zu Ende zu bringen.

Ich habe auch solche Regeln. Eine davon lautet: »Wenn es mir nicht leichtfällt, ist es die Sache nicht wert.« Oder, mit anderen Worten: »Wenn du etwas Neues lernen musst, schaffst du es nicht.«

Bei ein paar Dingen in meinem Leben habe ich einen Schnellstart hingelegt. Zum Beispiel gründete ich 2008 einen Blog, der ein Riesenerfolg wurde. Neun Tage nachdem ich ihn gestartet hatte, wurde er von 4000 Menschen gelesen. Das hat mir großen Spaß gemacht, aber die Regel, die ich davon ableitete, lautete: »Wenn etwas bis zum zehnten Tag nicht wie eine Rakete losgegangen ist, dann ist es ein Flop.« Ich neige dazu, Projekte aufzugeben, sobald sie nicht postwendend eine Lawine positiver Ergebnisse liefern.

Jahrelang habe ich ein Nest voller Kuckucke gefüttert, die geheime Regeln zwitscherten. Sie sehen fast genauso aus wie die anderen Gedanken in meinem Kopf, aber je aufmerksamer ich auf sie höre und je mehr ich sie füttere, desto schneller verhungert die Wahrheit.

Nachdem ich fast zehn Jahre lang an diese Regel geglaubt habe, fällt es mir unglaublich schwer, etwas Neues zu lernen. Es ist mir peinlich, wenn ich jemanden etwas fragen muss. Es macht mich verlegen, wenn ich zugeben muss, nicht zu wissen, wie etwas geht. Ich laviere mich durchs Leben, setze Lernen mit Versagen gleich. Echte Gewinner brauchen nichts zu lernen. Sie wissen bereits alles.

Das Schlimmste daran ist, dass ich von Natur aus ein begeisterter Lerntyp bin. Jeder Persönlichkeitstest dieser Erde ergibt überdeutlich, dass ich gerne neue Erfahrungen mache. Aber in meinem Nest haben sich lauter verborgene Regeln breitgemacht, und je länger ich mit ihnen lebe, desto größer werden sie.

Und damit stehe ich nicht allein da. Sogar Kampfjetpiloten sind davon betroffen, was nur ein weiteres Beispiel dafür ist, wie sehr ich einem Kampfjetpiloten ähnele. Jeff Orr ist ein F-16-Fluglehrer, der mit den besten Piloten der Nation zusammenarbeitet. Manchmal versuchen junge Piloten, die 100-Punkte-Checkliste im Eiltempo abzuhandeln, die mit jedem Flug einhergeht. »Manche Piloten machen das rasend schnell, um dir zu demonstrieren, dass sie genau wissen, was sie tun. Sie befürchten, dass es, wenn sie sich anstrengen, nicht authentisch oder selbstverständlich wirken würde.«

Eine andere meiner verborgenen Lebensregeln lautet: »Erfolg ist etwas Schlechtes.«

Mein Dad ist Pfarrer und ich wuchs in bescheidenen Verhältnissen auf. Ich weiß noch, wie oft er mir erzählt hat, dass er, wenn er ein Luxusauto geschenkt bekäme, es sofort zurückgeben würde. Es sei schließlich nichts weiter als ein Stück geformtes Blech und Plastik. Wir waren bei Weitem nicht arm, aber es herrschte eine Haltung vor, die besagte, dass Erfolg eine Sünde ist.

Mein Dad erinnert sich vermutlich nicht einmal mehr an die paar flapsigen Kommentare, die er über Reichtum und Erfolg gemacht hat, aber es fällt sogar den nebensächlichsten Bemerkungen überraschend leicht, sich in einen Kuckuck zu verwandeln oder in das, was die Psychologen als »Limiting Belief« oder einschränkende Überzeugung bezeichnen. 30 Jahre nachdem ich begonnen hatte, Erfolg für etwas Schlechtes zu halten, ertappte ich mich dabei, wie ich diese einschränkende Überzeugung an meine älteste Tochter weitergab.

Mike Posner ist ein Musiker, der einen Riesenhit mit dem Song »Cooler than me« landete.[19] Er schrieb dieses Lied als Collegestudent und war überrascht von seinem kometenhaften Aufstieg. Es war jedoch ein steiniger Weg, und in einem sechs Jahre später veröffentlichten Song beschreibt er, wie es ist, als Eintagsfliege zu gelten.

In »I took a Pill in Ibiza« singt er:

Ich bin nur ein Sänger, der sein Pulver schon verschossen hat.
Ich gehöre zu den Oldtimern, denn mein Name erinnert an
einen Popsong, den die Menschen schon vergessen haben.

Verborgen in diesem fröhlichen, ansteckenden Popsong steckt ein ehrlicher Blick auf das, wie es einem in der Plattenindustrie ergehen kann.

Ich erzählte meiner Tochter davon und vergaß anschließend, dass wir dieses Gespräch je geführt haben, bis wir eines Tages mit dem Auto unterwegs waren.

Das Lied wurde im Radio gespielt und ich hörte sie zu ihrer Freundin sagen: »Dieser Song ist über einen Typen, der mit einem einzigen Hit berühmt wurde. Und dieser Ruhm hat ihn zerstört.« Sie mag zwar das Wort »Ruhm« benutzt haben, aber ich erkannte die Geburt eines Kuckucks. Erfolg wird dich zerstören. Erfolg ist gefährlich. Erfolg muss vermieden werden.

Solche Dinge habe ich nie zu meiner Tochter gesagt. Und mein Dad hat auch nie so etwas zu mir gesagt. Aber Kuckucke brauchen nicht viel, um größer zu werden, als Sie es sich vorstellen können.

In meinem eigenen Leben waren die vergangenen acht Jahre ein bisschen schwierig – wegen genau dieser Lüge. Ich stehe damit nicht alleine da, denn viele Menschen hadern mit ihrer Angst vor Erfolg. Je erfolgreicher sie werden, desto schuldiger fühlen sie sich.

Auf einer Party sagte mir einst ein Freund: »Dieser CEO von dem Pharmakonzern verdient 20 Millionen Dollar im Jahr. Ich frage mich, ob er nachts schlafen kann.«

Ich wollte darauf antworten: »Vermutlich wie im siebten Himmel unter einer Steppdecke aus ungarischen Daunen.« Mein Freund hielt Erfolg eindeutig für etwas Schlechtes und war davon überzeugt, dass man ab einer gewissen Einkommenshöhe nicht mehr ruhig schlafen könne. Aber wo liegt die Grenze? Kann man mit 5 Millionen Dollar im Jahr zwar nachts ruhig schlafen, aber vor lauter Schuldbewusstsein sonntags keinen Mittagsschlaf mehr halten?

Dieser Kuckuck erweist sich am Ende als zweischneidiges Schwert. Falls ich scheitere, tut das weh, denn Scheitern macht keinen Spaß. Sollte ich jedoch gewinnen, dann schäme ich mich für den Erfolg, und das tut auch weh. Eine waschechte Lose-lose-Situation.

Dass Sie es mit einem Kuckuck zu tun haben, erkennen Sie daran, dass beide möglichen Ergebnisse Sie unglücklich machen.

Robs Rücken und Schulter schmerzten vom Schleppen der schweren Reisetasche, aber einen Rollkoffer zu verwenden empfand er als Scheitern. Es gab keinen Mittelweg.

Ich kann Ihnen eine Million Strategien und Tricks beibringen, aber wenn Sie diese mit nach Hause nehmen in Ihr Nest voller Kuckucke, wird nichts davon zum Zug kommen.

Um mit unseren verborgenen Regeln umzugehen, müssen wir drei Dinge tun:

1. Sie identifizieren.
2. Sie zerstören.
3. Sie ersetzen.

Fangen wir damit an, sie zu identifizieren.

Vier Fragen, mit denen Sie Ihre verborgenen Regeln ausräuchern

Das Problem an verborgenen Regeln ist, dass sie verborgen sind. Häufig sind sie tief vergraben, versteckt unter jahrelangen falschen Annahmen. Sie wissen nicht einmal, dass Sie diese Regeln befolgen.

Diese Freundin von Ihnen, die seit neun Jahren mit diesem fürchterlichen Kerl verlobt ist? Sie glaubt an die verborgene Regel, dass sie es nicht besser verdient hat. Der Verwandte, der seinen Job hasst, sich aber für nichts anderes qualifiziert fühlt? Seine verborgene Regel sagt ihm, dass er froh sein kann, wenn ihn überhaupt jemand einstellt.

Nennen Sie es Ballast, nennen Sie es einschränkende Überzeugungen, nennen Sie es verborgene Regeln – der Name spielt keine Rolle. Das Ergebnis aber schon, und es wäre sinnlos, Ihnen tausend Wege beizubringen, wie Sie es etwas zu Ende bringen können, wenn Ihre verborgene Regel lautet, dass Sie jedes Mal anderthalb Meter vor der Ziellinie straucheln werden.

Um Ihre verborgenen Regeln erfolgreich auszuräuchern, müssen Sie sich folgende vier Fragen stellen:

1. Mag ich überhaupt _____?

Eine der geheimen Lieblingsregeln des Perfektionismus lautet: »Nur strapaziöse, schwierige Ziele zählen.« Dies ist die Regel, die jeden Abnehmwilligen zum Joggen treibt, obwohl er oder sie viel lieber Zumba machen würde. Aber nicht nur beim Sport erleben wir diese Regel in Aktion. Auch bei unseren beruflichen Entscheidungen hat sie ihre Finger mit drin. Wettermoderator ist kein leichter Job. Neben der Unzuverlässigkeit des Wetters und der Daten, die Sie interpretieren müssen, stehen auch nicht allzu viele Stellen zur Verfügung. Selbst in einer Großstadt gibt es weniger als ein Dutzend Stellen für Wettermoderatoren bei Funk, Fernsehen oder anderen Medien. Ist ein Wettermoderator beim Publikum erst einmal beliebt, bleibt er oft Jahrzehnte bei dem Sender und hält andere dadurch sehr effektiv vom Erklimmen der Karriereleiter ab. Charlie Neese wusste, wie glücklich er sich schätzen konnte, einen Job in Nevada zu haben, und hatte sich im Laufe der Jahre einen guten Namen gemacht. Er mochte es, den Zuschauern die Wettervorhersage zu präsentieren, aber er merkte zunehmend, dass ihm viele der damit verbundenen Pflichten nicht gefielen. Es war nicht schön, dass er die Fußballspiele seines Sohnes verpasste, weil er jedes Wochenende arbeitete. Das Wetterpult nachts und bis in die frühen Morgenstunden zu besetzen bedeutete, dass es auch schwierig war, Zeit mit seiner Frau zu verbringen. Aber niemand gibt einen tollen Job auf, schon gar nicht in einem beliebten Markt wie Nashville. Je öfter sich Charlie jedoch die Frage stellte: »Bin ich überhaupt gerne Meteorologe?«, desto häufiger lautete die Antwort: »Nein.« Schließlich verließ er den Sender, zum Entsetzen seiner Kollegen und Fans, und wurde Immobilienmakler. Seine Familie ist glücklich, er ist glücklich und er ist sehr gut in seinem neuen Job. Woher ich das weiß? Er hat innerhalb weniger Tage unser Haus verkauft. Zögern Sie nicht, ehrlich zu sich selbst zu sein, wenn Sie merken, dass Sie Ihren Job nicht mehr mögen. Lassen Sie sich vom Perfektionismus nicht einengen.

2. Was ist mein wahres Ziel?

Robs wahres Ziel im Hinblick auf sein Gepäck bestand darin, bequem zu reisen. Er war eine erfolgreiche, 45-jährige Führungskraft und es ging ihm nicht darum, mit seiner Reisetasche fremde Leute zu beeindrucken. Aber wie wir bereits gesehen haben, lenkt der Perfektionismus uns gerne ab, und was gibt es Besseres, als Ihr wahres Ziel mit ein paar versteckten Regeln zu sabotieren? Während der Recherche für dieses Buch stieß ich immer wieder auf verborgene Regeln, vor allem zum Thema Abnehmen. Eine Frau erzählte mir: »Da war diese Zahl, der ich immerzu hinterherjagte, und das machte mich wahnsinnig.« Ihre verborgene Regel, dass sie erst erfolgreich war, wenn ihre Waage eine bestimmte Zahl anzeigte, setzte ihr so lange zu, bis sie schließlich aufgab. Sie musste erst einmal herausfinden, worum es ihr eigentlich ging. Es war gar nicht die Zahl auf der Waage. »Ich wollte gesund sein. Ich wollte Diabetes, Bluthochdruck und all die anderen Dinge vermeiden, gegen die meine Mutter Medikamente nahm. Ich musste ehrlich gegenüber mir selbst sein, was meine Gesundheit betraf. Und ich musste herausfinden, wie ich manches von dem Schaden, den ich bereits angerichtet hatte, wieder rückgängig machen konnte.« Indem sie herausfand, was sie wirklich wollte, konnte sie sich endlich voll und ganz auf ihr Ziel konzentrieren. Und sobald sie daran arbeitete, ihre schlechten Angewohnheiten in gute umzuwandeln, verlor sie auch an Gewicht.

Wenn Sie sich nicht für Ihr aktuelles Ziel begeistern können, dann sollten Sie sich fragen: »Was ist mein wahres Ziel?« Sorgen Sie dafür, dass das, was Sie verfolgen, auch tatsächlich das ist, was Sie erreichen wollen. Auch wenn Sie Fortschritte erzielen, sollten Sie immer wieder zu dieser Bauchgefühl-Frage zurückkehren, weil man trotz bester Absichten leider sehr schnell vom Weg abkommen kann.

Was unterwegs passieren kann, bringt Kristi Duggins treffend auf den Punkt. Sie beschreibt, wie sie sich fühlte, als ihr Ziel die Gestalt eines Geschäfts annahm. »Ich bastle unheimlich gern. Ich gründete einen Etsy Shop. Es lief echt gut. Dann fing ich an, das Basteln zu hassen. Ich schloss mein Geschäft. Kehrte dazu zurück, einfach Spaß an den Dingen zu haben.« Kristis verborgene Regel lautete: »Du musst die Dinge verkaufen, die du herstellst.« Sie einfach nur herzustellen genügt nicht. Das Faszinierende an diesem Beispiel ist, dass sie keine Bruchlandung erlebte. Es war nicht das Scheitern, das es ihr so schwer machte, mit Leidenschaft ihr wahres Ziel zu verfolgen – es war der Erfolg. Das Geschäft lief nicht nur einfach gut, es lief »richtig gut«. Ob Sie nun durch Schlaglöcher oder über Unebenheiten fahren, verlieren Sie Ihr Ziel am Horizont nicht aus den Augen. Und wenn Sie Ihr wahres Ziel erst einmal erkannt haben, tun sich plötzlich zahlreiche Möglichkeiten auf, wie Sie es erreichen können. Machen Sie sich frei von Ihren einschränkenden Überzeugungen. Wenn Ihr Ziel lautet »Lass andere an deiner Kunst teilhaben«, dann gibt es tausend Möglichkeiten, wie Sie das umsetzen können.

3. Passt meine Vorgehensweise zu mir?

Eine weitverbreitete verborgene Regel lautet: »Wenn mir etwas leichtfällt, kann es nichts wert sein.« Wenn mir etwas leichtfällt oder sich gut anfühlt, kann es nichts Gutes sein. Warum bringt der Perfektionismus diese Regel hervor? Ganz einfach – wenn alles, was Ihnen von Natur aus leichtfällt, wie ein billiger Trick aussieht, dann sind Sie dazu verdammt, schwierige Ziele zu verfolgen, die Sie mit Sicherheit irgendwann aufgeben. Das ist so, als würde man einem Fisch sagen, er solle eine Seemeile zurücklegen, ohne zu schwimmen. Am Anfang dieses Buches habe ich Ihnen gestanden, dass ich von einem 90-tägigen P90X-Trainingsprogramm nur sechs Tage durchgehalten habe.

Man könnte jetzt meinen, dass ich mithilfe der Tipps aus diesem Buch schnell noch die übrigen 84 Tage durchgezogen habe. Die Wahrheit ist jedoch, dass ich mit diesen Prinzipien zwar sehr viel mehr zu Ende bringe, aber niemals dieses Trainingsprogramm bis zum Ende durchziehen werde. Ich bin nicht etwa faul, sondern ein Teamsportler. Ich mache gern Sport in der Gruppe. Ich mag die Verantwortung, Teil einer Gruppe zu sein. Ich mag dieses Gefühl von Kameradschaft, wenn man früh aufsteht und weiß, dass andere es auch tun. Ich mag es, wenn mein Training von einem Experten geplant wird, der mir motivierende Äußerungen zubrüllt, während ich kurz davor bin, aufzugeben. Ich mag diesen freundschaftlichen Wettbewerb, zu dem es beim Training mit Freunden kommt. Ich dachte, dass ich beim Sport ein Versager sei, weil ich das P90X nicht bis zum Ende durchgehalten habe. Aber wie sich herausstellte, habe ich einfach nur die falsche Methode gewählt. Als ich Mitglied bei Orangetheory Fitness wurde und dort ein einstündiges Zirkeltraining mit ein paar Freunden absolvierte, kam ich prima in Form. Ich gehe mit ein paar Typen aus der Nachbarschaft hin. Messbarkeit? Jepp! Während der Trainingseinheit trägst du ein Pulsmessgerät, das deine Daten auf einen Bildschirm überträgt, den alle sehen können. Wettbewerb? Jepp! Ein Trainer führt dich durch jede Übung und treibt dich zu höheren Leistungen an. Motivation? Jepp! Das drückt bei mir sämtliche Knöpfe und infolgedessen bin ich die vergangenen zwölf Monate regelmäßig dort gewesen. Das P90X-Trainingsprogramm ist toll, aber ich bin nicht dafür geschaffen, allein in meinem Wohnzimmer und ohne jedes Feedback zu trainieren. Inzwischen schließt mein Freund Jason seine dritte Runde P90X ab. Bei ihm funktioniert diese Methode. Sollten Sie keine Freude an Ihrem aktuellen Ziel haben, dann sorgen Sie dafür, dass Sie eine Methode verwenden, die Ihren Stärken entspricht. Wenn Sie das richtige Ziel auf die falsche Weise verfolgen, enden Sie auch am falschen Ort.

4. Ist es an der Zeit aufzuhören?

»Gewinner geben nie auf!« hört sich als Motivationsspruch vielleicht toll an, ist aber in Wahrheit eine Lüge und eine gefährliche verborgene Regel. Manche Dinge können Sie nur lernen, wenn Sie sie ausprobieren. Vielleicht müssen Sie einen oder zwei Monate lang joggen, bevor Sie entscheiden können, ob es Ihnen Spaß macht. Vielleicht müssen Sie eine Weile versuchen, einen Roman zu schreiben, bevor Sie genau sagen können, ob Sie Gefallen an dieser Tätigkeit finden. Vielleicht müssen Sie einen Businessplan erstellen, um ein Gespür dafür zu bekommen, was wirklich alles dazugehört, in Ihrer Stadt ein Geschäft für Gewürze zu eröffnen. Wenn Sie das jedoch tun, werden Sie sich darüber klar, ob es etwas ist, woran Sie wirklich Spaß haben. Die halbe Strecke auf dem Weg ins Ziel ist schwierig und unangenehm. Wie können Sie wissen, ob es echte Abneigung ist, was Sie empfinden, weil Sie sich für das falsche Ziel entschieden haben, oder es sich einfach um die normale Frustration handelt, die mit der Halbzeit eines Ziels nun mal einhergeht?

Laura Murphy-Rizk wurde während ihres Jurastudiums mit dieser Frage konfrontiert. Anwältin zu sein war ihr Traum, und sie hatte unglaublich ehrenwerte Gründe dafür. Sie wollte Lobbyistin werden und sich für die Erforschung und Behandlung von Krebserkrankungen starkmachen. Ihre Großmutter, ihre Tante und drei Cousinen waren verstorben, bevor sie das 50. Lebensjahr erreicht hatten. »Ich hatte das Gefühl, meine Familie im Stich zu lassen, wenn ich nicht alles dafür gab.« Sie studierte drei Semester Jura, »aber in Wahrheit hasste ich jede Sekunde davon. Ich klammerte mich an diesen Traum so fest, dass ich mich selbst und alle um mich herum unglücklich machte.« Die Entscheidung für einen Beruf findet oft unter hohem Druck statt. Es ist ein wichtiges Ziel, das häufig mit den Erwartungen der Familie verstrickt ist. Laura brach das Studium schließlich ab und ist zehn Jahre später sehr froh darüber. Eine der verborgenen Lieblingsregeln des Perfektionismus lautet: »Gewinner geben nie auf.« Natürlich tun sie das. Menschen hören ständig auf, dämliche Dinge zu tun. In solchen Momenten ist es wichtig, kluge Ratschläge von anderen Menschen zu bekommen, die Sie kennen und denen Sie vertrauen. Wir sind oft so verblendet durch unsere verborgenen Regeln, dass wir Mühe haben, zu erkennen, das das Aufgeben unsere beste Entscheidung ist. Ein Ziel zu erreichen, das Sie gar nicht wollen, ist kein Gewinn.

Nehmen Sie sich ein paar Minuten Zeit, um diese Fragen für sich ehrlich zu beantworten. Das gehört nicht gerade zu den leichteren Aufgaben in diesem Buch, denn ein paar verborgene Regeln sind bei Ihnen vielleicht schon seit Jahren tief verwurzelt. Vielleicht haben Sie Ihrem Dad geglaubt, als er Ihnen sagte, dass Sie mit Ihrem Abschluss in kreativer Kunst nie Geld verdienen würden. Vielleicht hat Ihr Exfreund irgendwann einmal eine flapsige Bemerkung über Ihr Äußeres fallen lassen, die zu einer verborgenen Regel mutierte, mit der Sie immer noch leben – jedes Mal, wenn Sie in den Spiegel schauen. Oder vielleicht schenken Sie einer sehr verbreiteten verborgenen Regel Glauben, die besagt, dass Ihre Arbeit nur zählt, wenn Sie sie allein machen.

Borgen Sie sich die Erfahrungen anderer

Wie bereits erwähnt, ist es eines der Hauptziele des Perfektionismus, Sie zu isolieren. Es ist einfacher, Sie dazu zu bringen, Lügen zu glauben und verborgene Regeln zu befolgen, wenn Sie keine Gemeinschaft haben, die Ihnen die Wahrheit sagt und Sie wegen Ihrer Regeln zur Rede stellt.

Um Sie von der Herde zu trennen, wird Ihnen der Perfektionismus eine sehr gängige verborgene Regel auftischen: »Du musst es allein schaffen.«

Das erinnert mich immer an Kleinkinder. Sie würden eher eine Treppe hinunterpurzeln als sich an deiner Hand festzuhalten, weil sie alles »selber« können!

Wir werden zu erwachsenen Kleinkindern, wenn wir die Hilfe anderer ablehnen und die Lüge glauben, dass es ein Zeichen von Schwäche sei, sich Hilfe zu holen.

Die Autorin Jessica Turner sieht das jedoch anders. Als sie vorhatte, ein Webinar für Vertriebsmitarbeiter abzuhalten, für die auch ich bereits ein Webinar veranstaltet hatte, rief sie mich an und befragte mich dazu. Ich hatte viel gelernt und auch Fehler gemacht. Wenn Sie zum Beispiel wollen, dass die Leute in Ihrem Webinar auftauchen, müssen Sie sie an dem betreffenden Tag zweimal und dann noch drei Stunden sowie fünf Minuten vor Seminarbeginn anmailen. Wussten Sie das? Ich ganz sicher nicht, bis ich es von Lewis Howes erfuhr. Ich habe es ausprobiert, und die Teilnehmerzahl bei meinem nächsten Webinar damit drastisch gesteigert. Das gab ich an Jessica weiter. Sollten Sie selbst keine Informationen haben, dann hat sie bestimmt jemand anderer, und der Betreffende wird sie Ihnen sofort geben, wenn Sie richtig danach fragen.

Ich bezeichne das als »Ausborgen der Erfahrungen anderer« und es ist keine wirklich neue Methode. Der Schauspieler Will Smith setzte sie vor Jahrzehnten ein und schuldet dem US-Finanzamt vermutlich ein Dankeschön dafür.

Als er 19 Jahre alt war und als Rapper durchs Land tourte, verlangte die Behörde 2,8 Millionen Dollar von ihm. Ich weiß nicht, ob das per Telefon, Brief oder Boten erfolgte, aber es ist definitiv ein furchterregender Tag für einen Teenager.

Es war nicht etwa eine Spende, die das Finanzamt forderte, sondern es waren Steuerschulden. Wills geschiedene Eltern gehörten der Mittelschicht an. Sein Vater arbeitete sieben Tage die Woche, um seine Firma für Kühlgeräte am Laufen zu halten, und seine Mutter war beim Schulamt angestellt. Eine Auseinandersetzung mit dem Finanzamt würde die meisten Menschen vor Angst lähmen, aber Will lernte in dieser Phase seines Lebens etwas dazu.

Als er zwei Jahre später von West Philadelphia, wo er geboren und aufgewachsen war, für sein erstes Engagement nach L.A. umziehen sollte, sagte sein Manager, James Lassiter, zu ihm: »Hör zu, wenn wir nach L.A. gehen, brauchen wir ein Ziel.« Der Wechsel vom Rapper zum Schauspieler würde nicht von selbst passieren. »Ich möchte der größte Fernsehstar der Welt werden«, antwortete Smith.[20]

Dieser Satz ist an und für sich nicht gerade einzigartig. Tausende, die mit dem Bus jede Woche aus dem Mittleren Westen nach Hollywood kommen, sagen das. Smith hatte zudem sehr wenige Anhaltspunkte, dass es funktionieren würde. Noch war er kein Blockbuster-Schauspieler. Er war ein 21-jähriger Rapper, dessen größter Hit zu jener Zeit ein Song mit dem Titel »Parents just don't understand« war. Es ist nicht das Ziel, das Smith von anderen Möchtegernstars unterschied. Es ist das, was danach passierte.

Lassiter recherchierte ein bisschen und stellte eine Liste der zehn erfolgreichsten Filme aller Zeiten zusammen. Das war nicht schwierig. »Wir schauten sie uns an und sagten: Okay, was haben sie gemeinsam?«, erzählte Smith.

»Wir erkannten, dass alle zehn Filme mit Spezialeffekten ausgestattet waren. Neun von zehn enthielten Spezialeffekte mit fremdartigen Kreaturen. Acht von zehn enthielten Spezialeffekte mit fremdartigen Kreaturen und eine Liebesgeschichte.«

Das schien zu einfach zu sein, um zu funktionieren, oder?

Man kann unmöglich eine 25-jährige Filmkarriere in der flatterhaftesten Branche der Welt planen, mit einer Top-Ten-Liste, zu der jeder Zugang hat. Das ist nicht raffiniert genug. Es muss doch schwieriger sein. So denken wir jedenfalls, bis wir uns die Liste von Will Smiths sechs erfolgreichsten Filmen ansehen.

1. *Independence Day*: Spezialeffekte, Kreaturen, Liebesgeschichte; spielte weltweit 817 Millionen US-Dollar ein.
2. *Suicide Squad*: Spezialeffekte, Kreaturen, Liebesgeschichte;

spielte weltweit 746 Millionen US-Dollar ein.

3. *Hancock*: Spezialeffekte. Spielte weltweit 624 Millionen US-Dollar ein.

4. *Men in Black 3*: Spezialeffekte, Kreaturen, Liebesgeschichte; spielte weltweit 624 Millionen US-Dollar ein.

5. *Men in Black*: Spezialeffekte, Kreaturen, Liebesgeschichte; spielte weltweit 589 Millionen US-Dollar ein.

6. *I Am Legend*: Spezialeffekte, Kreaturen (Liebesgeschichte, wenn Sie den Hund gelten lassen); spielte weltweit 585 Millionen US-Dollar ein.

Wieso glaubte Smith an die Macht des Ausborgens von Erfahrungen anderer? Er hat 4 Milliarden Gründe.

Garantiert diese Vorgehensweise Erfolg? Nein. *Wild Wild West* war eine Wildwestpleite. Aber bei den meisten Zielen geht es nicht die ganze Zeit darum, immer nur zu gewinnen. Es geht darum, öfter zu gewinnen als zu verlieren. Was wir anstreben, ist nicht die Perfektion. Sie müssen lediglich heute mehr gewinnen als gestern, und das morgen wiederholen. Wenn sechs der 24 Filme, in denen Sie eine Hauptrolle haben, mehr als 4 Milliarden Dollar einspielen, werden Sie noch lange Filme drehen, auch wenn ein paar davon floppen.

Akzeptieren Sie niemals die verborgene Regel, dass Sie es allein schaffen müssen. Lassen Sie nicht zu, dass der Perfektionismus Sie isoliert.

Suchen Sie sich jemanden mit beeindruckenden Erfahrungen und borgen Sie sich diese aus.

Wissen ist nur die halbe Miete

Wenn Sie Ihre verborgenen Regeln kennen, ist das ein super Einstieg in dieses Gespräch, aber wir sind noch lange nicht fertig.

Was tun Sie, sobald Sie Ihre verborgenen Regeln identifiziert haben? Welcher Schritt folgt idealerweise darauf?

Sie müssen sie zerstören.

Als Erstes sollten Sie sich einfach bei jeder Regel, die Ihnen begegnet, die Frage stellen: »Was heißt das?«

Wenn ich zum Beispiel die Regel aufschreibe »Erfolg ist etwas Schlechtes«, dann schreibe ich darunter die Frage »Was heißt das?«.

Diese Frage muss ich dann beantworten.

Ich würde sagen: »Erfolg ist etwas Schlechtes, also muss Scheitern etwas Gutes sein. Zu scheitern ist am besten. Gewinnen ist schrecklich, und das Scheitern ist mein einziger Beweis, dass ich etwas gut mache. Wenn ich es schaffe, finanzielle Verluste einzufahren, tüchtig zuzunehmen und mein Auto zu Schrott fahren, muss das ein hammermäßiges Jahr werden.«

Das ist natürlich völliger Quatsch, aber das ist das Ziel. Sie müssen sich vor Augen führen, wie absurd Ihre verborgene Regel in Wahrheit ist.

Der Perfektionismus bleibt hartnäckig bestehen, bis wir uns Fragen stellen. Eine gut formulierte Frage rollt wie eine Woge auf einen Damm zu, den wir brechen müssen. Sie führt uns den unerfüllbaren Anspruch vor Augen, den wir an uns selbst gestellt haben, und zerlegt ihn dann vollständig. Als würde man hinter den Vorhang in *Der Zauberer von Oz* schauen. Durch viel Rauch, Donner und Getöse entsteht der Eindruck, hinter der verborgenen Regel stehe tatsächlich ein mächtiger Herrscher. Aber wenn wir nur ein paar Fragen stellen, finden wir vielleicht heraus, dass es nur ein gebrechlicher Greis ist, der uns zu täuschen versucht.

Die zweite Frage lautet: »Wer sagt das?« Sie wären überrascht, wie viele Kuckucke diese Frage entlarvt. Sehr oft lautet die Antwort: »Niemand«. Niemand sagt, dass es so schwierig sein muss, wie Sie es sich machen, aber wenn wir einem Kuckuck glauben, handeln wir, als hätte irgendeine Autorität das festgelegt.

Manchmal liegt die Antwort auf »Wer sagt das?« tiefer, denn Perfektionismus ist häufig ein Mannschaftssport. Sehr erfolgreiche

Menschen geben oft zu, dass sie so hart arbeiten, weil sie ihrem Vater zu beweisen versuchen, dass sie gut genug sind. In vielen Fällen ist dieser Vater schon Jahre zuvor gestorben und sie laufen einem Geist hinterher. Wenn sie innehalten und sich fragen würden »Wer sagt das?«, würden sie erkennen, dass es sinnlos ist, sich für jemanden aufzureiben, der das nie erfahren wird.

Eine Freundin machte eine schwierige Phase in ihrer Ehe durch, weil ihre Mutter ihr gesagt hatte, dass Unabhängigkeit das Einzige sei, was zähle. Ihre Mutter war geschieden und hatte alles verloren. Die verborgene Regel, die sie weitergab, lautete: »Sei nie so verletzlich, dass man dir wehtun kann.« Meine Freundin konnte ihren Mann lieben, aber nur bis zu einem gewissen Punkt, über den hinaus sie fürchtete, zu viel zu geben. Als sie sich fragte: »Wer sagt das?«, erkannte sie, dass sie ihr Leben aus der Angst ihrer Mutter heraus lebte.

Der dritte Schritt, um Ihre verborgene Regel loszuwerden, besteht darin, eine neue Regel zu schreiben, mit der Sie die alte ersetzen.

Meine würde lauten: »Erfolg ist etwas Gutes.«

Ihre könnte lauten: »Ich kann auf meinen Körper achten und muss deshalb nicht eitel sein.« Das mag seltsam klingen, aber genau damit hatte Ingrid Griffin zu kämpfen. Sie sagte: »Ich habe meine körperlichen Ziele sabotiert, denn schlank zu sein bedeutete für mich ›überheblich‹, und ein bisschen mollig zu sein bedeutete ›bescheidener sein‹.«

Sie ist sich absolut darüber im Klaren, wie verrückt das ist. Können Sie sich vorstellen, sich einen Big Mac einzuverleiben und dabei zu denken: »Ich bin ja so etwas von bescheiden. Die meiste Bescheidenheit steckt in der geheimen Soße. Ranch-Dressing ist die uneitelste aller Soßen.«

Schreiben Sie Ihre verborgenen Regeln auf. Beantworten Sie die Frage »Was bedeutet das?« und formulieren Sie dann eine neue Regel, eine flexible, vernünftige, gesunde Regel, die auf der Wahrheit beruht.

Kopf und Herz

Ich habe mehr Bücher über Ziele gelesen, als ich echte Ziele erreicht habe. Vermutlich ist das ein Zeichen für etwas. Für nichts Gutes.

Das Problem bei den meisten Büchern ist, dass sie sich nur mit dem Kopf beschäftigen. Sie geben Ihnen ein Handlungsschema vor, das Sie befolgen sollen, und behandeln Sie wie einen gefühllosen Roboter, der mit Effizienz und Praktizismus über jede Ziellinie marschiert. Sie berücksichtigen nicht die verborgenen Regeln, die wir im Herzen tragen, Regeln, die unser Verstand häufig nie bewusst überprüft hat.

Sie berücksichtigen nicht, dass Sie im Innersten davon überzeugt sind, es sei arrogant, in Form zu bleiben.

Das ist eine völlig verrückte Regel – also herzlich willkommen auf der »Herzseite« der Dinge, wo wir aufgrund unserer Vergangenheit oft zerstörerische Überzeugungen hegen.

Rob O'Neill managt für Viacom zig Millionen Dollar, glaubte jedoch nicht, dass er keinen bequemen Koffer besitzen dürfe. Das ist eine völlig verrückte Regel – also herzlich willkommen auf der »Herzseite« der Dinge, wo der Perfektionismus uns dazu bringt, dass wir uns selbst das Leben schwer machen.

Jahrelang baten mich meine Kinder, eine Geschichte für sie zu schreiben, aber ich dachte, ich könnte ihnen keine Geschichte schreiben, wenn ich sie nicht auch illustrierte.

Das ist eine völlig verrückte Regel. Wissen Sie, was ich nicht bin? Ein Illustrator. Also kam ich nie ans Ziel. Herzlich willkommen auf der »Herzseite« der Dinge, wo der Perfektionismus uns davon abhält, Menschen zu beschenken, die wir lieben.

Unser Kopf weiß oft nichts von den verborgenen Regeln unseres Herzens, Regeln, die uns der Perfektionismus eingeätzt hat. Wenn wir uns selbst nicht sorgfältig und behutsam überprüfen, könnten wir denken, dass es an unserer Faulheit oder der schlechten Strategie liegt, dass wir an unserem Ziel scheitern. Doch in Wahrheit sind es die verborgenen Regeln, die uns daran hindern, es zu Ende zu bringen.

Merzen Sie Ihre verborgenen Regeln noch heute aus. Sie schaden Ihrem Herzen. Sie werden Ihr Ziel um ein Vielfaches leichter erreichen, wenn Sie nicht auf die verborgenen Regeln hören. Sie werden Platz in Ihrem Leben schaffen für das, was wir als Nächstes angehen.

Aktionen:

1. Horchen Sie auf verborgene Regeln und schreiben Sie diese auf. (Das wird mehr als eine Sitzung in Anspruch nehmen, denn Sie bitten Ihren Kopf, etwas zu googeln, das möglicherweise versteckt ist.)
2. Schreiben Sie neben jede verborgene Regel die Wahrheit. Um diese zu finden, fragen Sie sich: »Was heißt das?« Und: »Wer sagt das?«
3. Formulieren Sie eine neue Regel, um die alte zu ersetzen.
4. Bitten Sie einen Freund, Sie darauf aufmerksam zu machen, wenn Sie nach einer verborgenen Regel leben.

Kapitel 7

Feiern Sie Ihre nicht perfekten Fortschritte

Eine Woche nach Ostern fragte ich einen Freund, der als Geistlicher arbeitet, wie die Predigt gelaufen sei. Ostern ist der Super Bowl der Kirchen. Seine Antwort überraschte mich.

»Es war gut. Die Musik war toll. Es kamen viele Besucher, aber wir haben ein paar Tiere verloren.«

»Was meinst du mit ›ein paar Tiere verloren?‹ Sind sie abgehauen, so wie in *Zurück nach Hause – Die unglaubliche Reise?*«, erwiderte ich.

»Nein, uns sind ein paar Tiere gestorben.«

Mein Freund hatte sich überlegt, für Ostern einen kleinen Streichelzoo anzulegen. Bedauerlicherweise mögen die ehrenamtlichen Kirchenhelfer ja gut darin sein, die Gesangsbücher auszuteilen und Plätze zuzuweisen, aber im Betreiben eines behelfsmäßigen Zoos sind sie eine Katastrophe.

Als Erstes erwischte es ein Kaninchen. Offenbar war ein Dreijähriger beim Ringkampf von einem Heuballen gestürzt und auf dem Kaninchen gelandet. Leider haben Kaninchen sehr schwache Knochen. Sie sind auch nicht gut im Ringen. Genau genommen sind sie in einer einzigen physischen Aktivität gut, aber in keiner anderen.

Das zweite Tier, das heimkehrte zu seinem Schöpfer, war eine Ente. Ein kleines Kind drückte die Ente zu fest und brach ihr das Genick. Was tut man in so einem Moment? Gibt man das leblose Tier der Familie, so wie das Produkt aus dem heutigen Bastelkurs? Man verziert es mit etwas Glitter, und voilà, »Hier haben Sie Ihre Ente«?

Meinem Freund musste nicht gesagt werden, dass diese beiden Momente Misserfolge waren. Er war sich durchaus bewusst, dass er sein Ziel verfehlt hatte. Das ist das Kuriose am Scheitern. Es ist laut. Vielleicht werden Sie nie eine in Ihrer Obhut befindliche Ente verlieren, aber Sie wissen genau, wenn Sie etwas vermasselt haben.

Der Erfolg dagegen ist lautlos. Er flüstert. Der Perfektionismus schreit Ihre Misserfolge heraus und verbirgt Ihre Fortschritte.

Aus diesem Grund können ein paar Daten viel bewirken. Damit können Sie die Behauptungen des Perfektionismus widerlegen, dass Sie angeblich gar nichts erreichen, und Ihre Leistungen feiern.

Ohne Daten wird der Fortschritt quasi unsichtbar. Dieses Problem bezeichne ich als den »Kerzeneffekt«.

Wenn Sie in einem stockfinsteren, fensterlosen Raum eine Kerze anzünden, sind die Auswirkungen dramatisch. Von völliger Dunkelheit zum Licht überzugehen ist ein wesentlicher Fortschritt. Der Unterschied ist offensichtlich und wird unmittelbar wahrgenommen. Eine zweite Kerze anzuzünden hat ebenfalls eine große Wirkung, aber nicht mehr ganz so groß. Die dritte Kerze ist immer noch beeindruckend, aber schon deutlich weniger. Diese Verminderung setzt sich fort, bis das Anzünden einer weiteren Kerze kaum noch bemerkt wird. Die 15. Kerze wird in Ihrer Wahrnehmung kaum noch registriert.

Wir wollen, dass unsere Ziele Zinseszins hervorbringen und keine schwindenden Erträge. Wir hoffen, dass der Fortschritt mit jeder bestandenen Leistung wächst und sich eine Eigendynamik aufbaut. Aber so laufen die Dinge selten.

Nehmen wir zum Beispiel das Joggen. Der Kerzeneffekt kommt bei der Laufgeschwindigkeit ins Spiel. Wenn Sie hart trainieren und Ihr Tempo von knapp 5 auf 6,5 Stundenkilometer steigern, brauchen Sie für anderthalb Kilometer nur noch neun statt 17 Minuten. Das ist ein großer Fortschritt, dabei haben Sie Ihre Geschwindigkeit um lediglich 2,5 Stundenkilometer gesteigert. Wenn Sie sich jedoch von 14,5 auf 16 Stundenkilometer steigern, reduzieren Sie Ihre Zeit für die anderthalb Kilometer nicht um fünf Minuten, sondern um 40 Sekunden. Die Leistungssteigerung fällt um mehr als 80 Prozent.

Genauso verhält es sich mit gutem Essen. Mal angenommen, Sie wollen sich an sechs Tagen die Woche gesund ernähren und gönnen sich einen Schummeltag. Auf der Grundlage eines Standardernährungsplans würde das bedeuten, dass Sie jede Woche 18 gesunde Mahlzeiten zu sich nehmen. Bei der ersten Mahlzeit haben Sie ein Achtzehntel geschafft. Mit der zweiten Mahlzeit ist es ein Neuntel. Die dritte bringt Sie auf ein Sechstel. Was für ein Fortschritt! Aber je höher Ihre Anzahl an Mahlzeiten, desto bescheidener wirkt der Fortschritt. Ob Sie 13 oder 14 Mahlzeiten zu sich genommen haben, bewegt das Pendel kaum. Die großen Gewinne sind verschwunden.

Der Perfektionismus nutzt den schrumpfenden Erfolgslevel als Beweis, dass es nicht gut läuft. Denken Sie daran: Auf halbem Weg zum Ziel versucht der Perfektionismus Sie zu überzeugen, dass die Ergebnisse nicht gut genug seien und dass Sie aufgeben sollten. Was könnte Sie besser entmutigen, als dass man Sie auf Ihren extrem langsamen Fortschritt hinweist?

Warum möchte ich, dass Sie ein paar Daten parat haben? Damit Ihnen die Wahrheit schwarz auf weiß vorliegt, wenn sich auf halbem Weg der Perfektionismus lautstark bei Ihnen meldet.

Der Perfektionismus hasst Daten. Wieso? Weil Gefühle trügen können, Daten nicht.

Unsere Gefühle können uns einen völlig falschen Eindruck von einer Situation vermitteln.

Woher ich das weiß? Haben sich sämtliche Sorgen, die Sie je hatten, bewahrheitet? Wurden alle Ängste wahr? War es hilfreich, dass Ihr Gehirn Sie nachts wach gehalten hat und über eine dumme Bemerkung grübeln ließ, die Sie vier Jahre zuvor gemacht haben? Ist jedes vermeintliche Versagen in Ihrem Leben zum Tragen gekommen?

Natürlich nicht. Mitten in der Nacht beginnen Ihre Gefühle zu rotieren. Wieder und wieder gehen Sie Möglichkeiten durch, warum Ihr Chef Sie am morgigen Tag sprechen will. So etwas ist nie gut; es zehrt Sie lediglich aus.

In solchen Momenten machen uns unsere Gefühle verrückt und wollen uns die wildesten Geschichten weismachen.

Das passiert, wenn wir keine Daten haben.

Daten durchdringen diesen ganzen Lärm.

Sie durchdringen diesen Wirrwarr.

Sie durchdringen sämtliche Ablenkungen und die Aufregung und die Hoffnungslosigkeit und alles andere, was Ihnen momentan im Weg steht.

Und sie lassen Ihnen alles da, was Sie brauchen, um für den morgigen Tag eine gute Entscheidung zu treffen.

Genau so sind Daten. Ein Geschenk von gestern, das Sie heute erhalten, damit es morgen besser wird.

Um die Daten am wirkungsvollsten zu nutzen, müssen wir verstehen, wie sie uns helfen können, warum wir sie nicht mögen, und wie wir sie dennoch nutzen müssen.

Daten helfen uns über Krisen hinweg

Jason Bartlett wollte 40 Pfund abnehmen. Eine sitzende Tätigkeit als Pharmazeut hatte dazu beigetragen, dass er paar Pfund angesetzt hatte. Ihm war ohnehin schon klar, dass er zu viele Kilos mit sich herumschleppte, aber Thanksgiving gab ihm den Rest. Nun, genau genommen war es nicht Thanksgiving, sondern die Großmutter seiner Frau. Als er ihr Zimmer im Altersheim betrat, schaute Grandma Betsy von ihrem Buch hoch und stellte trocken fest: »Jason ist fett geworden.« Alte Menschen und Kinder sagen die Wahrheit. Zwischen diesen beiden Lebensphasen sind wir nur höflich.

Obwohl 40 Pfund nach ganz schön viel klingt, war es nicht unmöglich, denn es ist ihm schon einmal gelungen. Wie bei den meisten Abnehmwilligen war es nicht sein erster Versuch.

Bedauerlicherweise erwiesen sich in seinem Alter von 44 Jahren die Extrapfunde jedoch als äußerst hartnäckig. Trotz acht Wochen intensiver Anstrengungen verschwanden sie nicht. Jason engagierte einen Personal Trainer. Er joggte mehr. Er achtete sorgfältig auf seine Ernährung. Aber jeden Morgen weigerte sich die Waage, auch nur ein Gramm weniger anzuzeigen.

Leider machen sich die meisten Leute an diesem Punkt nicht die Mühe, genauer hinzusehen, was den Erfolg anbelangt. Wenn sich das Erreichen des Ziels zu lange hinzieht, wenn das gewünschte Ergebnis Verstecken spielt, geben wir entmutigt auf.

Die Diät funktioniert nicht. Die Beförderung kommt nicht. Das Buch liefert die Informationen nicht in dem gewünschten Tempo.

Der Perfektionismus wird darauf hinweisen und vorschlagen, dass nun ein guter Zeitpunkt sei, um aufzugeben. Es sei ohnehin ein albernes Ziel gewesen. Wieso bin ich das überhaupt angegangen? Ich schaffe keinen perfekten Fortschritt, also kann ich es auch ganz sein lassen. Wir geben auf, weil wir den Fortschritt nicht auf die richtige Weise betrachten.

Wenn die Dinge nicht gut laufen, ist das keineswegs der Moment, um aufzugeben. Es ist an der Zeit, sich neu zu orientieren und Anpassungen vorzunehmen. »Anpassungen?!«, kreischt der Perfektionismus. »Wenn du schon etwas *anpassen* musst, dann kannst du es genauso gut sein lassen!« Hören Sie nicht darauf. Es ist an der Zeit, auf Ihre GPS-Uhr zu schauen und Ihr Tempo zu kontrollieren. Es ist an der Zeit, die Markierungsfähnchen zu checken und sicherzustellen, dass Sie immer noch auf das Ziel zusteuern. Es ist an der Zeit, die nächsten paar Kilometer neu auszurichten, entsprechend dem, was Sie über Ihr Tempo und die ersten paar Kilometer herausgefunden haben.

Angenommen, ich würde den Läufern vom Straßenrand aus zusehen und Ihnen zurufen: »Wie läuft das Rennen?«

Wenn Sie dann antworten würden: »Keine Ahnung! Ich weiß nicht, wie schnell ich laufe, wie viele Kilometer ich noch vor mir habe oder wo ich hinlaufen muss. Aber das wird schon, ich muss einfach nur das Tempo erhöhen«, würde ich Sie für verrückt halten.

Wenn Sie den Fortschritt nicht überprüfen, können Sie keine Anpassungen vornehmen. Sie können nicht aus Fehlern lernen. Sie können nicht besser werden und letztendlich können Sie nicht ans Ziel kommen.

Der Perfektionismus will nicht, dass Sie sich den Fortschritt ansehen. Er sagt Ihnen vielleicht, dass Sie das nicht brauchen. Kluge Menschen brauchen doch keine Landkarten, Messungen oder Daten. Oder er sagt Ihnen vielleicht, dass Ihnen das, was Sie herausfinden werden, Angst machen könnte. Ein ganzes Jahr lang habe ich mir die Verkaufszahlen meines Buches nicht angeschaut, weil ich Angst vor dem Ergebnis hatte. Ein Extrembeispiel für dieses Verhalten findet sich bei Menschen, die nicht zum Arzt gehen, aus Angst, er könnte feststellen, dass sie ernsthaft erkrankt sind.

Und wenn es auch 1000 Gründe gibt, so ein Verhalten ist komplett unsinnig.

Wir amüsieren uns über Hamster in ihrem Laufrad. Sie geben alles, was ihr kleiner Körper leisten kann, und kommen doch nirgendwo an. Das spielt jedoch keine Rolle, denn sie haben kleine Hamstergehirne. Der Hamster versucht nicht, etwas fertigzustellen. Falls überhaupt, dann versucht er lediglich, diese fließende Bewegung hinzubekommen, bei der sich das Rad so schnell dreht, dass man eine volle 360-Grad-Umdrehung schafft. Jede Wette, dass die Mädchenhamster das lieben.

Sie sind cleverer als ein Hamster. Für Sie gibt es eine positive Bestätigung. Lassen Sie sich das auf einen Kaffeebecher drucken.

Wahrscheinlich befinden Sie sich nicht gerade in einem Hamsterrad, aber wenn Sie nicht im Blick behalten, wo Sie hinlaufen, werden Sie den Mut verlieren und aufgeben.

Spielen Sie nicht im Dunkeln Golf

Jasons Frustration wegen des langsamen Gewichtsverlusts war falsch. Sein Frust war zwar berechtigt, aber der Grund war ein Hirngespinst. Seine Enttäuschung beruhte nämlich darauf, dass es beim letzten Mal so einfach gewesen war. Die Pfunde waren wie von allein geschmolzen. Es war nicht so schwierig wie dieses Mal.

Allerdings hatte er keinerlei Daten, um das nachzuprüfen, nur Erinnerungen und Gefühle und das Meckern der Perfektion. Er hatte nicht aufgeschrieben, wie viel Mühe er beim letzten Mal in das Abnehmen investieren musste. Er hatte keine handfesten Informationen, um das einzuschätzen. Eine Studie nach der anderen hat gezeigt, dass die Berichte von Augenzeugen unglaublich vage sein können. Nur wenige Augenblicke nach einem Gewaltverbrechen erinnern sich Beobachter daran, dass der Täter definitiv einen Schnurrbart trug. Oder definitiv keinen. Er war groß und trug einen langen, schwarzen Mantel. Oder er war klein und hatte überhaupt keinen Mantel an.

Unsere Erinnerungen überarbeiten sich ständig selbst und sind deshalb unzuverlässig. Gefühle sind nicht sehr viel besser. Es kann gut sein, dass es sehr mühsam war, als Jason beim ersten Mal abnahm. Es gab Momente, da musste er beim Fahrradfahren um den nächsten Atemzug ringen. Auch damals zeigte die Waage nicht ständig Erfolge an. Aber seine Gefühle erzählen ihm heute eine andere Geschichte.

Wenn sich jemand nur einen Tag nach einem Raubüberfall nicht mehr genau an den Moment erinnern kann, wieso vertrauen wir dann unseren Erinnerungen in Bezug auf Ereignisse, die Monate oder Jahre zurückliegen?

Wenn Jason mehr Daten als nur die der Waage festgehalten hätte, könnte er die nörgelnde Stimme des Perfektionismus zum Schweigen bringen, die sich in seinem Glauben an den Fortschritt eingenistet hat.

Daten, die er nicht festgehalten hat, sind:

- ➤ Hosengröße
- ➤ Hemdgröße
- ➤ BMI
- ➤ Wie oft er gejoggt ist

> ➤ Wie viele Kilometer er gelaufen ist
> ➤ Wie oft er mit dem Trainer gearbeitet hat
> ➤ Essenstagebuch

Manche dieser Daten wie die Hosengröße würden die Fortschritte anzeigen, während andere den Verlauf belegen, zum Beispiel, wie oft er gejoggt ist.

Aber wie die meisten Menschen, die versuchen, etwas zu Ende zu bringen, hielt er nicht genügend Daten für die Zukunft fest.

Wenn Sie sich jedoch entschieden haben, ein paar Daten zu sammeln, sollten wir darüber sprechen, was passiert, wenn Sie die Daten durchgehen, oder warum Sie nie nachts Golf spielen sollten.

Am besten gefällt mir am Golfen das Nichtspielen.

Derzeit spiele ich alle zwei Jahre einmal – oder wann immer wir zusammen mit der Familie meiner Frau Thanksgiving feiern. Einmal habe ich bei einer Runde mit 18 Löchern 19 Bälle verloren. Seither bringt Jennys Onkel mir säckeweise Übungsbälle mit, die aus den Tümpeln wieder herausgefischt worden sind.

Vergangenes Jahr brachte er mir keine Tasche mit Golfschlägern mit, die ich ausleihen konnte, sondern nur eine Handvoll Eisen, die mit Kabelbinder zusammengeschnürt waren, als wären sie in einem Sportgeschäft als Geiseln genommen worden. Gibt es etwas Stilvolleres, als in einem Country Club aufzutauchen und dem Caddy deine mit Kabelbinder zusammengehaltenen Schläger zu geben? Sei vorsichtig damit, mein Sohn; das ist einer meiner besten Kabelbinder.

Ich bin nicht gut im Golfen, und Sie wären auch miserabel, wenn Sie nur nachts trainieren würden. Der Journalist Matthew Syed wies in seinem Buch *Black Box Thinking: Why Most People Never Learn from Their Mistakes – But Some Do* darauf hin, was für ein schlechter Plan es ist, nachts zu üben, wenn man besser werden will.[21] Er schreibt: »Mal angenommen, dass Sie nachts üben statt bei Tageslicht – im Stockdunkeln. Unter diesen Umständen könnten Sie zehn oder auch 10 000 Jahre lang üben, ohne auch nur ein bisschen besser zu werden. Wie sollen Sie Fortschritte machen, wenn Sie keinen Schimmer haben, wo der Ball gelandet ist? ... Sie hätten keine Daten, um Ihre Treffsicherheit zu verbessern.«

Wir alle würden Menschen, die nachts Golf spielen, entsprechend beurteilen und – nun ja, ihnen niemals unsere echte Telefonnummer geben. Eine gute Gelegenheit für eine Google-Voice-Nummer.

Wir halten diese Leute für verrückt, weil sie sich trotz des vielen Übens nie verbessern. Sie können jede Nacht da draußen verbringen und versuchen, perfekt zu spielen, aber es nützt nichts, denn sobald sich der Ball vom Abschlag gelöst hat, ist er verschwunden.

Die meisten von uns verfolgen ihre Ziele auf genau dieselbe Weise. In dem Moment, in dem eine Handlung, die wir durchgeführt haben, sich von unseren Händen löst, ist sie weg, irgendwo in der Geschäftigkeit des Tages verschwunden.

Wie viele Zentimeter haben wir während unserer Diät verloren? Wie viel Prozent Körperfett? Wie viele Stunden haben wir diese Woche im Vergleich zu vergangener Woche trainiert? Um wie viel ist unser Gehalt in den vergangenen drei Jahren gestiegen? Wie viele Wörter haben wir insgesamt diesen Sommer im Vergleich zum vorhergehenden geschrieben? Wie viele Dollar haben wir für unseren nächsten Urlaub gespart? Gibt es beim Vergleich der Daten irgendeinen Fortschritt in diesen Zielen?

Halten Sie es für Zufall, dass man in Casinos keine Uhren an die Wand hängt und Fenster beim Bau eher nicht vorgesehen sind? Man weiß dort, dass, wenn man diese Orientierungshilfen entfernt, Sie sehr wahrscheinlich länger spielen werden. Ohne die Uhrzeit zu kennen oder zu merken, dass der Tag in die Nacht übergegangen ist, verliert man sich leicht in einer Tätigkeit. Auch das Motto der Casinos nutzt den Perfektionismus: »Was in Las Vegas passiert, bleibt in Las Vegas.« Als könnten Sie ein katastrophales Wochenende in Vegas verbringen, während Ihr echtes Leben daheim perfekt bleibt – völlig unberührt von den Konsequenzen dieses Ausflugs.

Wenn Sie im Dunkeln Golf spielen, sind Sie anfällig dafür, eine Menge Fehler zu machen.

Eines Freitags startete mein Team den Verkauf eines neuen Onlinekurses. Es war der erste Verkaufstag, und es hatten sich bereits 1200 Leute auf der Interessentenliste eingetragen. Das bedeutete, dass wir mehr als 1000 Leute anmailen konnten, die unmittelbar ihr Interesse an dem Kursus bekundet hatten. Im Vertriebsjargon bezeichnet man diese als »Warmkontakte«.

Welche Reaktion würden Sie in Anbetracht dieser Zahlen erwarten? Lassen Sie uns die Daten einfach schätzen, denn das tun Sie ja für gewöhnlich, wenn Sie ohne echte Zahlen im Dunkeln Golf spielen. Wenn wir den Kurs an 10 Prozent der Zielgruppe verkaufen könnten, würde es bedeuten, dass sich 120 Leute anmelden. Möglicherweise ist das aber zu hoch gegriffen. 5 Prozent bedeutet aber immer noch 60 Teilnehmer. Ich begann, die Zahlen durchzuspielen, und wurde ganz aufgeregt angesichts der Möglichkeiten. Zum Glück eilten mir die gespeicherten Daten zu Hilfe.

Mein Social-Media-Mann, Bryan Allain, schrieb mir die Nachricht: »Nur zur Erinnerung, wir haben auf unsere Freitagsvorschau-E-Mails noch nie mehr als 0,4 Prozent Rücklauf gehabt. Unser erster Verkauf war der beste mit 55 Verkäufen auf 13 900 E-Mails. Im Februar waren es 16 Verkäufe, im Mai 26, im September elf. Angesichts dieser Zahlen sollten wir bei 1200 Interessenten fünf Verkäufe erwarten.«

Diese Nachricht bewahrte mich vor der Enttäuschung, als wir an jenem Tag nur vier Kurse verkauften. Ohne die Daten hätte ich unser Abschneiden vielleicht als Scheitern interpretiert. Das miserable Ergebnis hätte mich entmutigt. Aber durch die Daten aus der Vergangenheit wusste ich, dass wir voll auf Kurs waren. Ich ließ mir vom Perfektionismus nicht einreden, dass dieses Ergebnis eine Katastrophe sei.

Daten sagen die Wahrheit und machen die Dinge sehr viel einfacher. Warum nutzen wir Sie also nicht?

Daten sind das Schlimmste

Wenn Sie Ihr Konto nicht checken, sehen Sie auch nicht, wie niedrig der Stand ist, und müssen sich nicht schlecht fühlen. Die Lösung, um sich gut zu fühlen, besteht also darin, Ihren Kontostand zu ignorieren. Und die Waage. Und den Arzt. Und Ihre mit Gerümpel vollgestopfte Garage. Und die Probleme in Ihrer Ehe.

Wie bereits erwähnt, ist der Perfektionismus ein verzweifelter Versuch, unmögliche Ansprüche zu erfüllen. Er kann nicht zulassen, dass Sie herausfinden, wie unmöglich diese zu erreichen sind – vor allem mit dem nüchternen Blick auf die Daten. Also versetzt er Sie in Angst und Schrecken, damit Sie denken, die Enttäuschung würde Sie fertigmachen, wenn Sie hinter diesen Vorhang schauten.

Die Daten würden Ihnen sagen, dass Ihr Kontostand niedrig ist, aber Sie geben auch sehr viel mehr in Coffeeshops aus, als Sie denken. Wenn Sie sich Ihren Kaffee stattdessen zu Hause kochen würden, könnten Sie problemlos für einen Urlaub sparen. Vielleicht würden Sie sogar aufhören, sich an der unerreichbaren Einkommenshöhe Ihrer Freunde im Netz zu messen. Vielleicht setzen Sie sich einfach ein paar vernünftige Ziele und verändern Ihre Einstellung zum Geld. Vielleicht macht Ihnen das sogar Spaß.

Der Perfektionismus hasst den ganzen oberen Abschnitt.

Stattdessen sagt er Ihnen, dass Sie am Boden zerstört sein werden, wenn Sie sich auf die Waage stellen und sehen, wie viel Sie zugenommen haben. Wenn Sie es aber schaffen, einfach die Zahl zu betrachten und sich davon nicht verrückt machen zu lassen, sind Sie einen entscheidenden, großen Schritt weitergekommen. Der Perfektionismus will Ihnen stattdessen einen Körper wie in einem Hochglanzmagazin einreden. Ich liebe es, wenn ich das Bild eines 1,90 Meter großen Models vor mir habe, mit der Überschrift: »Wie ich diesen Körper bekommen habe!« In dem Artikel wird nie erwähnt: »Meine Eltern sind auch beide 1,90 Meter groß, das hat mir bei den langen Beinen sehr geholfen. Aber vielleicht versuchen Sie es einfach mit mehr Kniebeugen.«

Die Daten sagen uns die Wahrheit, und der Perfektionismus kann die Wahrheit nicht ertragen. Deshalb hassen wir die Daten, weil der Perfektionismus sie jahrelang verteufelt hat.

Ich kann das nicht aushalten. Lieber ignoriere ich es. Lieber würde ich eine Autobahn entlangrasen, auf der es eine kaputte Brücke gibt, als mit dem umzugehen, was die Daten mir sagen könnten.

Daten machen keinen Spaß. Daten sind nicht sexy. Daten sind nicht meine Freunde.

So dachte ich jedenfalls, und so denken die meisten von uns.

Es ist angenehmer, sie zu ignorieren und Überraschung darüber zu heucheln, wo unser Leben uns hinführt, als uns die Daten bewusst zu machen und dementsprechend zu reagieren. Sogar das Wort »dementsprechend« fühlt sich langweilig an.

Viele unserer Probleme im Leben sind selbstverschuldet und keineswegs Rätsel. Wenn Sie rauchen, haben Sie ein beträchtlich höheres Risiko, an Lungenkrebs zu erkranken. Wenn Sie während der Arbeit die ganze Zeit auf Facebook sind, werden Sie vermutlich nicht befördert. Wenn Sie mehrmals in der Woche bei Taco Bell essen, wird alles Joggen dieser Welt nicht helfen.

Der letzte Punkt trifft uns schmerzlich. Haben Sie jemals so viel bei Taco Bell bestellt, dass die Tüte den Anschnallalarm aktiviert hat, als Sie sie auf den Beifahrersitz gestellt haben? Das ist vermutlich ein Hinweis, den ich nicht ignorieren sollte, aber ich kann mich einfach nicht beherrschen, wenn ich in dieses Restaurant gehe. Es ist das einzige Fast-Food-Restaurant, in dem mich die Speisekarte so verwirrt, dass ich zu viele und die falschen Sachen bestelle. Bei McDonald's passiert mir dieser Fehler nie. Ich sage nie: »Ich nehme einen Viertelpfünder mit Käse und als Beilage einen Big Mac!« Aber bei Taco Bell ist alles möglich. Ich gehe die Speisekarte durch und sammle Speisen wie ein Tex-Mex-Schneeball, der einen siebenlagigen Burrito-Berg hinabrollt.

Als ich anschließend die Tüte auf den Beifahrersitz stelle – mein Baby gehört zu mir – beginnt der Alarm zu piepen. »Vorsicht, etwas, das schwer genug ist, um ein menschliches Individuum sein zu können, befindet sich auf dem Sitz. Bitte anschnallen.«

Ich lachte meinen Kia-Soul-Mietwagen aus. Du kannst mich nicht verurteilen, Kia Soul. Du kennst mich nicht einmal!

Die Daten hatten geflüstert, und ich hatte in diesem Moment die Wahl, darauf zu hören oder sie zu ignorieren.

Wenn ich sie ignorierte, würde ich ein paar Pfund zunehmen, mich deshalb schlecht fühlen, bei Vorträgen auf der Bühne einen Bodyformer tragen (natürlich nur für meine Haltung, nicht wegen meines Bauches!), und mir schließlich ein völlig unrealistisches Ziel setzen, wie viel ich abnehmen will. Stichwort schwarze Bohnen und Perfektionismus!

Auch Sie haben die Wahl, auf Daten zu hören oder nicht. 100-mal am Tag versuchen sie, Ihnen etwas zu sagen. Wir nehmen an, sie wollen uns den Spaß verderben. Wir sind überzeugt, dass Daten der ultimative Spaßkiller sind.

Ich weiß noch, wie ich das erste Mal eine Speisekarte gesehen habe, auf der die Kalorien angegeben waren. Ich war mit einer großen Gruppe von Leuten in New York City unterwegs, wo wir an einer Konferenz teilnahmen. Wir klappten voller Elan und Begeisterung die Speisekarte auf. Wir waren wie auf Pseudourlaub. Wir würden in einer abenteuerlichen Stadt abenteuerliches Essen zu uns nehmen!

Als wir die Kalorienzahl neben den Vorspeisen sahen, legte sich Stille über die ganze Gruppe. Wir änderten alle unsere Bestellungen. Aus Monster-Cheeseburgern, in die sie ein Messer rammen, das du brauchen wirst, um das Biest zu erlegen, wurden Salate. Traurige Salate mit schmalen Streifen gegrillten Hühnchens, Dressing extra.

Was ist Ihr leichtestes Dressing? Nicht Hidden Valley. Was sich da drin wohl versteckt? Jede Wette, dass es Kalorien sind. Bitte bringen Sie mir Ihre wässrigste Vinaigrette, nur einen Schritt von gefärbtem Wasser entfernt.

In diesem Moment haben uns die Daten voll erwischt.

Es war nicht die Schuld des Restaurants. Sie wollten die Kalorien nicht aufführen; wurden aber vom Gesetz her dazu gezwungen. Nichts verdirbt die Verkaufszahlen von Vorspeisen und Desserts so sehr, als wenn man jemandem das Offensichtliche sagt – mit Bergen von Schinken und Käse überbackene Pommes sind ungesund. Ein Dessert, das das Wort »geschmolzen« im Namen trägt, ist vermutlich niemals ganz fettfrei.

Daten, ihr seid das Schlimmste!

Warum hasst ihr uns so?

Aber wenn ihr das gar nicht tut?

Wenn wir die Daten all die Jahre nur aus der falschen Perspektive betrachtet haben?

Wenn die Daten Ihnen gar nicht den Tag verderben wollen, sondern versuchen, Ihnen das Leben zu retten?

Wenn schon das Sammeln weniger Informationen viel für Ihre Fähigkeit bewirken könnte, Ihre Ziele zu erreichen?

Wenn die Daten nun eine der besten Methoden wären, den Perfektionismus zu vernichten?

Daten machen Schluss mit dem Verdrängen

Wenn Sie Daten ignorieren, ist Verdrängung Ihr Weg.

Der Cheeseburger hat ein und dieselbe Kalorienzahl, ob ich diese nun kenne oder nicht. Die Daten fügen dem Essen keine Kalorien *hinzu*. Sie sagen mir lediglich, wie viele es sind. Sie geben mir alles, was ich in dem Moment brauche, um eine wohlüberlegte Entscheidung zu treffen. Sie versuchen, mir und meiner aktuellen Hosensammlung zu helfen.

Es mag frustrierend gewesen sein – ein Cheeseburger schmeckt besser als ein Salat, versuchen Sie gar nicht erst, etwas anderes zu behaupten –, aber mein Ärger ging in die falsche Richtung.

Wir werden sauer, weil wir uns auf den falschen Teil der Aussage »Unwissenheit ist ein Segen« konzentrieren. Wir glauben, die

Daten versuchten, uns den Segen zu nehmen, und dabei übersehen wir, dass sie uns in Wahrheit vor Unwissenheit bewahren wollen.

Verdrängen macht Sie unwissend.

Das Beunruhigendste am Verdrängen ist, dass wir selbst die Einzigen sind, bei denen es uns nicht auffällt. Bei anderen merken wir sofort, wenn sie etwas verdrängen, und das hat etwas ungeheuer Befriedigendes. Es fällt Ihnen nicht schwer, spontan einen Freund zu nennen, der etwas nicht wahrhaben will. Es sind die Menschen, die ein Auto fahren, das sie sich nicht leisten können. Sie machen bereits die 15. Diät, legen aber ständig »Schummeltage« ein, an denen sie essen dürfen, was sie wollen. Diese Menschen wollen unbedingt einen neuen Job, haben aber seit sechs Monaten keine Bewerbung mehr verschickt. Sie haben eine Beziehung mit einem Armleuchter und hoffen, dass eine Heirat ihn auf wundersame Weise verändern wird. (Wenn eine Ehe die Dinge nicht in Ordnung bringt, versuchen Sie es doch mit einem Kind. Das schafft in der Regel Abhilfe.)

Wenn andere etwas verdrängen, ist das für uns so deutlich wie grelles Neonlicht. Was wir selbst verdrängen, ist dagegen für uns unsichtbar.

Warum haben wir zu Beginn des Buches darüber gesprochen, unsere Ziele zu halbieren? Weil der Perfektionismus das Verdrängen gegen uns verwenden wollte. Der Perfektionismus treibt uns dazu, die Realität zu verdrängen und unsere Ziele so hochzuschrauben, dass sie uns lähmen, bevor wir überhaupt angefangen haben. Der Sportler, der nicht schwimmt, läuft oder Rad fährt, aber unbedingt an einem 70-Meilen-Triathlon teilnehmen will, lebt in der Verdrängung.

Gefühle vernebeln den Realitätssinn. Sie erschaffen eine perfekte Rauchwolke zum Verdrängen und sorgen dafür, dass sich Ihr Lebensweg unergründlich und verwirrend anfühlt. Im Nebel der Gefühle ist nur schwer erkennbar, was wirklich passiert.

Daten dagegen lügen nicht. Sie werden nicht von Gefühlen beeinflusst. Sie unterliegen nicht den Launen von Gefühlen.

Das Endziel des Verdrängens ist stets die Katastrophe.

Niemand sagt jemals: »Ich habe eine Katze nach der anderen gekauft, bis ich eines Tages 200 hatte und die Dinge sich schließlich von allein geregelt haben. Die Katzen bildeten ein Tribunal und wählten eine Regierung, die das Tagesgeschäft der Katzengesellschaft managt.«

Niemand sagt jemals: »Je mehr ich während der Arbeit im Internet surfe, desto höher steigt mein Stern im Unternehmen.«

Niemand sagt jemals: »Das Erfolgsgeheimnis meiner Gesundheit? Schweineschmalz und Lucky Strikes.«

Es ist nicht zu leugnen, wohin das Verdrängen führt, wenn wir die Daten ignorieren. Die gute Nachricht, wage ich zu behaupten, ist folgende:

Daten hebeln das Verdrängen aus und die Katastrophe wird verhindert.

Aber nur, wenn Sie auf sie hören.

Warum Sie vermutlich keinen 80 Jahre alten Scotch brauchen

Ich habe einen Gastronomieexperten gefragt, ob er je erlebt hat, dass Perfektionismus und die Weigerung, auf der Basis von Daten zu handeln, einem Restaurant geschadet haben. Er lachte und erzählte mir die Geschichte über ein Restaurant, das mit Höchstgeschwindigkeit auf den Misserfolg zusteuerte.

»Ich habe mit einem Koch zusammengearbeitet, der ein Gericht für 22 Dollar anbot. Er verwendete dafür ein Stück Fleisch zum Preis von 13 Dollar und eine Soße für 6 Dollar. Er hatte 19 Dollar in dieses Gericht gesteckt, bevor er auch nur das Licht eingeschaltet, die Miete bezahlt, seine Einrichtung gekauft oder Kellner engagiert hatte. Die Soße kostete 6 Dollar! Wieso? Weil er sie mit einem 80 Jahre alten Scotch zubereitete.«

Die wenigsten Menschen verfügen über einen Gaumen, der die minimalen Qualitätsunterschiede bei Scotch erkennt. Sicher,

Sie können vielleicht erkennen, ob es sich um den billigsten Fusel von der Tankstelle oder um einen edlen Tropfen aus einer handgeschnitzten Mahagonischachtel handelt. Aber Sie schmecken weder das Aroma von zugefügten Eichenholzspänen noch das vom Torf besonders nebliger Moore in Schottland. Und dabei wurde dieser Scotch noch nicht als Bestandteil einer Soße flambiert.

Wenn der Koch statt eines 80 Jahre alten Scotchs einen 40 Jahre alten verwenden würde, bestünde ein sehr geringes Risiko, dass sich die Gäste beschweren würden.

Die meisten Gäste würden nicht sagen: »Moment mal, ist dieses Teil etwa nur 40 Jahre alt? Ich verlange Soßen mit Zutaten, die aus der Zeit stammen, bevor wir auf dem Mond herumgelaufen sind! Was ist das für ein Fusel?!«

Aber Köche sind Künstler, und Künstler haben einen Hang zur Perfektion. Ich versichere Ihnen, dieser Koch wollte für sein Rezept den »perfekten Scotch«. Genau wie der Perfektionismus verlangt, dass wir Ziele verfolgen, die für uns unerreichbar sind, sagte er diesem Koch, dass nur der teuerste Scotch infrage komme. Preiswertere Scotchs zählen nicht.

In Anbetracht der Wahl, entweder das Restaurant zu schließen oder zu einem anderen Scotch zu wechseln, würde sogar der exaltierteste Koch der Welt zu einer billigeren Flasche greifen.

Wenn der Koch seine Ausgaben im vierten Quartal senken möchte, wenn das sein Ziel ist, fällt die Scotch-Entscheidung leicht.

Genau dazu sind Daten da: Sie vereinfachen die Dinge.

Es sind keine Gefühle. Es sind nur Daten.

Und wenn Sie dann am Ende dieses Buches auf Ihr Ziel zustürmen, werden Sie sich laut sagen hören: »Es sind nur Daten.«

Daten helfen Ihnen auch bei Karriereentscheidungen.

Daten verrieten Steve Butler, dass er ein paar kostenlose Onlinekurse belegen müsse.

Nachdem er seinen Job verloren hatte, musste er die nächstbeste Stelle annehmen, die ihm angeboten wurde. Er konnte nicht auf den besten Job warten, denn als Familienvater mit zwei Kindern hatte er Verpflichtungen. Er bewarb sich auf verschiedene Stellenanzeigen und bekam einen Job, der gut genug war.

Dieser Job reichte für einen Teil der Rechnungen, aber die Daten sagten Steve, dass es nicht für alle Rechnungen reichen würde. Es hätte sich deshalb schämen oder in Selbstvorwürfen versinken können, aber stattdessen achtete er auf die Daten. Als Ergänzung zu seinem Vollzeitjob suchte er sich einen Nebenjob, bei dem er am Wochenende die Räume einer Zahnarztpraxis putzte.

»Ich hasste es, jeden Samstagmorgen vier Stunden damit zu verbringen, diese Praxis zu putzen. Wenn ich dann nach Hause kam, spielte mein Nachbar mit seinem Sohn im Vorgarten Football, und es machte mich fertig, was ich alles an diesem Samstag mit meinem Sohn verpasst hatte. Aber ich wusste, dass ich beide Jobs machen musste.«

Als Vater versagte er nicht. Für die langfristige Zukunft seiner Familie stand er kurzfristig eine harte Zeit durch. Er arbeitete auf ein großes Ziel hin.

Die meisten Menschen gewöhnen sich an Situationen und bleiben stecken. Sie ignorieren die Daten, bis eine Katastrophe sie zwingt, eine übereilte, schlecht vorbereitete Veränderung im Leben vorzunehmen. Steve nicht. Er wusste, dass dieser Job, der nur »gut genug« war, nicht für immer sein Job bleiben würde. Also investierte er in ein ausführliches Berufsprofiling. Das Ergebnis legte nahe, dass er für die Computerbranche geeignet war. Das hatte er nie in Betracht gezogen, aber je länger er die Daten studierte, desto mehr Sinn ergaben sie.

Wie bei jeder Lebensveränderung meldete sich der Perfektionismus sofort lautstark zu Wort. Steve machte sich Sorgen, dass ihm bei einem Berufswechsel in die Computerbranche sein Collegeabschluss nicht viel nützen würde und er sich den hätte sparen können. Das ist eine berechtigte Sorge. Jeder möchte, dass sich sein Studium rechnet. Aber die Daten eilten ihm zu Hilfe.

Steve hatte seinen Abschluss zu einer Zeit gemacht, als vier Ausbildungsjahre etwa 50 000 Dollar kosteten. Das bedeutete, er hatte

50 000 Dollar für einen Abschluss gezahlt, mit dem er 26 Jahre lang erfolgreich Geld verdient hatte. Er zog fast drei Jahrzehnte Nutzen aus seinem Abschluss, für nur 5,20 Dollar Ausbildung pro Tag. Ein super Deal! Die Daten zeigten ihm, dass die Angst, »den Studienabschluss umsonst gemacht zu haben«, jeder Grundlage entbehrt, wenn man bereits 26 Jahre davon profitiert hat.

Statt den Job in einem emotionalen Moment von »Mach es einfach, folge deinem Herzen« aufzugeben, verließ sich Steve weiter auf die Daten. Daten ermutigen uns stets, die Karten zu unserem eigenen Vorteil auszuspielen.

Er entschied, ein paar kostenlose Onlinekurse zu belegen, um herauszufinden, für welchen Teil der Computerbranche er am besten geeignet war. War er ein Systemanalytiker? War er Programmierer? War er ein Netzwerker? Ohne die aus den Kursen resultierenden Daten wäre er im Blindflug unterwegs gewesen.

Aber Onlinekurse zu belegen ist leichter gesagt als getan, stimmt's?

Wir sind ja alle so beschäftigt.

Das erzählen mir die Leute jedenfalls ständig. Ich habe ein paar Ziele, Dinge, die ich tun möchte, aber mir fehlt die Zeit.

Diesem Widerstand würde ich einfach entgegnen: »Was sagen Ihnen die Daten?«

Als Steve seine Woche in Augenschein nahm, sah er nicht nur Tage und Stunden, er sah Daten. Das Putzen der Zahnarztpraxis und Spielen mit seinen Kindern ließ nicht viel Freiraum an den Wochenenden. Gemeinsame Zeit mit seiner Frau und Freunden füllte die meisten Abende. Er konnte die Kurse auch nicht mittels Hörbuch abhandeln, während er zur Arbeit pendelte. Die Daten sagten ihm, dass seine einzige verfügbare Zeit auf die Mittagspausen an den Wochentagen entfiel.

Also schnappte er sich jeden Tag während der Mittagspause sein iPad, setzte sich in seinen Wagen und absolvierte dort die kostenlosen Kurse. Tag für Tag, Kurs für Kurs zog er es durch. Am liebsten hätte er einen sechswöchigen Ganztagskurs belegt, der 20 000 Dollar kostete. Das wäre die perfekte Vorgehensweise gewesen, aber die Daten sagten ihm, dass er es sich nicht leisten konnte, sechs Wochen von der Arbeit wegzubleiben und 20 000 Dollar für etwas auszugeben, das bisher nur als Versuch einzustufen war. Das wäre so, als würde man eine Flasche 80 Jahre alten Scotch über ein Steak gießen. Die Daten halfen ihm zu erkennen, dass sein Unvermögen, die Abkürzung zu nehmen, kein Scheitern war, sondern klug.

Das ist einer der Vorteile von Daten.

Sie nehmen einem das schlechte Gewissen. An jedem Punkt auf seinem Weg hätte er sich schlecht fühlen können.

In meinem Alter sollte ich einen besseren Job haben.

Wenn ich ein besserer Vater wäre, müsste ich nicht an den Wochenenden arbeiten.

Alles wäre perfekt, wenn ich die Kurse schneller durchziehen könnte.

Es wäre perfekt, wenn ich nicht so langsam vorankäme.

Der Perfektionismus hielt eine Parade durch Steves Straße ab, aber die Daten ließen mit ihrer einfachen Wahrheit die Paradewagen einen nach dem anderen zerplatzen.

Die Daten sagten ihm, dass sein durchschnittlicher Job einem ehrenwerten Zweck dient – die Bedürfnisse seiner Familie zu erfüllen.

Die Daten sagten ihm, dass vier Stunden Arbeit am Samstag noch nicht das ganze Wochenende sind und dass er so handelte, um seine Familie zu unterstützen, und sie nicht etwa vernachlässigte.

Die Daten sagten ihm, dass die einstündige Teilnahme an Kursen während der Mittagspause das einzig mögliche Tempo für ihn und damit ideal war.

Daten erlauben dem schlechten Gewissen nicht, Wurzeln zu schlagen.

Steve ist immer noch auf Jobsuche, aber er hat etwas auf seiner Seite, was die meisten Menschen nicht haben: Daten.

Sie brauchen Daten. Wenn Sie die Karten wirklich zu Ihrem Vorteil ausspielen wollen, brauchen Sie die Mathematik auf Ihrer Seite. Die erste Möglichkeit, dies zu erreichen, ist, die Zahlen aus der Vergangenheit auszuwerten.

Wer weiß, wo er herkommt, kommt hin, wo er hinwill

Die meisten Menschen schauen auf die Ziellinie, wenn sie die halbe Strecke geschafft haben. Das ist natürlich. Ein Großteil unserer Motivationsliteratur lehrt uns diese Vorgehensweise. »Schauen Sie nicht zurück, dort wollen Sie nicht hin«, wird uns gesagt. »Ihre Vergangenheit bestimmt nicht Ihre Zukunft.« Aber es besteht die Gefahr, sich zu sehr auf die Ziellinie zu fokussieren.

Wenn Sie das tun, verlieren Sie die Fähigkeit, zu erkennen, wie weit Sie schon gekommen sind.

Es ist sehr viel ermutigender, sich auf halbem Weg zum Ziel anzuschauen, was Sie schon geschafft haben, als was Sie noch vor sich haben. Das verändert sich, wenn Sie kurz vor der Ziellinie sind. Sobald Sie 80 oder 85 Prozent des Weges zurückgelegt haben, ist es eine andere Geschichte. Das letzte Stück zu sehen, kann Sie antreiben, aber wenn Sie erst in der Mitte sind, fühlt sich die Ziellinie zu weit weg an, um einen Schub jedweder Art zu bewirken.

Betrachten Sie es einmal so: Wenn Ihr Ziel darin besteht, 100 Prozent zu bekommen, und Sie erst 40 Prozent haben, sind Sie gescheitert. Das ist ein »Mangelhaft«, und der Perfektionismus wird Sie nur allzu gern daran erinnern. Sie haben noch 60 Prozent vor sich. Sie haben nicht einmal die Hälfte geschafft. Uff.

Was wäre, wenn Sie stattdessen auf die Null an der Startlinie schauen und sich vergegenwärtigen, dass Sie nicht mehr dort sind? Die Wahrheit ist, dass 40 Prozent im Vergleich zu null ein gewaltiger Fortschritt sind, im Vergleich zu 100 Prozent jedoch noch relativ wenig. Aber wenn Sie zurückschauen, können Sie die Startlinie kaum mehr erkennen, so weit sind Sie schon gekommen.

Hat sich dadurch etwas an der Tatsache verändert, wie weit Sie schon gekommen sind? Nicht wirklich, die Zahl ist dieselbe, aber Ihre Interpretation dieser Zahl ist eine völlig andere. Dan Sullivan, ein bekannter Marketingexperte, sagt, dass Unternehmen häufig mit diesem Aspekt ringen. Sie fokussieren sich nicht nur zu sehr auf die Ziellinie; sie verschieben ihren Horizont und treffen nie das Ziel, weil sie ihre Definition von Erfolg ständig verändern.[22]

Um es über die Mitte zu schaffen, müssen wir manchmal sehr bedacht mit unserer Wahrnehmung umgehen.

Mein Freund Chad Nikazy hat mir diesbezüglich etwas Wertvolles beigebracht. Er ist Triathlet und hat sich einmal freiwillig dafür gemeldet, einen blinden Teilnehmer bei einem Rennen zu begleiten. Es war beeindruckend, über den Schwimm- und Radfahrteil zu lesen, aber es war der Laufteil, der mich am meisten überraschte.

Während des Rennens sagte Jeremy, der blinde Sportler, zu Chad: »Sag mir nicht, wenn wir eine Steigung vor uns haben, okay? Ich kann sie nicht sehen, also fühle ich sie auch nicht. Sie setzt mir nicht zu.«

Nur wenn Chad ihm gesagt hätte, dass eine Steigung folgt, hätte Chad das gewusst. Er fand das Rennen leichter, wenn er sich auf seine eigene Wahrnehmung einlassen konnte.[23]

Fallen Ihnen nicht spontan jede Menge Leute ein, die Sie auf jede Steigung in Ihrem Leben hinweisen? Sie sind nicht wie Chad, verschweigen Ihnen die Steigungen nicht. Sie tun genau das Gegenteil. Aber die anderen sind hier nicht das Problem.

Das Verfolgen eines Ziels ist immer wie bergauf laufen. Oben ist die Ziellinie, und auf halbem Weg fühlt es sich sehr weit entfernt an. Wenn man den Hügel hinaufstarrt, lässt man sich leicht entmutigen. Dort werden Sie nie ankommen. Wieder in dieses alte Kleid zu passen fühlt sich unmöglich an. Eine leere, aufgeräumte Garage, in der Sie parken können, scheint unerreichbar. Ihr gedrucktes Buch in einem Regal stehen zu sehen fühlt sich unrealistisch an. Die Entfernung ist einfach zu groß.

Aber schauen Sie auf die Null. Schauen Sie auf die Startlinie. Schauen Sie zum Fuß des Hügels. Sehen Sie, wie weit Sie schon gekommen sind? Sehen Sie, welche Fortschritte Sie bereits erzielt haben? Sehen Sie, was Sie bereits geschafft haben?

Das werden Sie, aber nur, wenn Sie es messen.

23 Wege, um Ihren Erfolg zu messen

Wir wissen instinktiv, dass wir unseren Erfolg messen sollten, aber die meisten von uns tun es nicht. Millionen Menschen, die Fitness-Tracker tragen, können Ihnen sagen, wie viele fiktive Etagen sie hinaufgestiegen sind oder dass sie soeben ein Abzeichen für das Laufen einer Strecke bekommen haben, die einer Überquerung von Südamerika entspricht. Aber wenn Sie diese Menschen fragen, wie sie ihre Lebensziele messen, werden Sie nur verwunderte Blicke ernten.

Es klingt schwierig oder kompliziert oder wissenschaftlich, aber wenn Sie bis hierhin in diesem Buch gekommen sind, verfügen Sie bereits über mindestens einen Wert. Sie haben 75 Prozent gelesen. Sie sind bereits überdurchschnittlich und haben die Anzahl der Seiten als messbaren Wert. Wenn Sie einige oder alle der beschriebenen Aktionen durchführen, wird Ihre Liste der erreichten Teilerfolge außerdem bald länger werden.

Und wenn Sie etwas für Ihr Ziel Spezifischeres messen wollen? Wenn Sie Daten nutzen wollen, um das Phantom des Perfektionismus zu zerstören, das die meisten Ihrer Ziele zerstört?

Hier haben Sie 23 Dinge, die Sie im Auge behalten können:

1. Investierte Zeit

   Wie viele Stunden werden Sie in den kommenden 30 Tagen in Ihr Ziel investieren? Wenn Sie 30 Tage lang täglich 15 Minuten aufwenden, addiert sich das zu 7,5 Stunden. Das scheint nicht viel zu sein, aber wann haben Sie das letzte Mal einen ganzen Arbeitstag an etwas gearbeitet, das Ihnen wichtig ist?

2. Verdientes Geld
   Wenn Sie ein Geschäftsziel haben, ist es leicht, die in diesen 30 Tagen generierten Umsätze zu messen.

3. Verkaufte Produkte
   Die meisten Messarten können heruntergebrochen werden auf viele kleine Informationen. Wenn Sie ein Produkt verkaufen, ist es einfach, sowohl das verdiente Geld als auch die Anzahl der verkauften Einheiten zu messen.

4. Abgenommene Pfunde
   Gibt es eine einfachere Form des Messens als mit einer Waage, wenn Sie versuchen, abzunehmen?

5. Abgenommene Zentimeter
   Das mag ein bisschen schwieriger sein, als die Pfunde im Auge zu behalten, aber zu wissen, wie viele Zentimeter Bauchumfang Sie abgenommen haben, kann ebenfalls hilfreich sein.

6. Tüten mit Gerümpel aus der Garage
   Eine Freundin von mir, die ihr Haus entrümpeln wollte, zählte die Gegenstände, die sie entsorgte, aber auch die Menge an Tüten voller Sachen, die sie spendete.

7. Verkaufte Bücher
   Sie wissen erst, dass Sie zu viele Bücher haben, wenn Sie umziehen und merken, dass ein Buch ein Ziegelstein mit Wörtern ist. Viele Menschen, die sich aufs Entrümpeln fokussieren, zählen, wie viele Bücher sie an die Antiquariate in ihrer Stadt verkauft haben.

8. Geschriebene Wörter oder Seiten
   Apropos Bücher – wenn Sie eins schreiben wollen, kann das Zählen der geschriebenen Seiten eine hervorragende Messtechnik sein.

9. Gelaufene Kilometer
   Ich werde dieses Jahr etwa 1600 Kilometer laufen. Woher ich das weiß? Weil die Nike-App das für mich zählt. Ich bin fast auf Purple-Level, eine völlig nutzlose, aber befriedigende digitale Belohnung. Ich verurteile bereits die faulen Verlierer auf dem

Blue-Level, die ich im Staub meiner Laufschritte hinter mir gelassen habe.

10. Tägliche Schrittzahl

Es gibt eine Menge toller Geräte auf dem Markt, die Ihnen diese Information bequem von Ihrem Handgelenk aus mitteilen.

11. E-Mail-Abos

Wenn Sie irgendeine Art von Onlinehandel aufbauen, ist die Anzahl der Menschen, die Sie auf Ihrer E-Mail-Liste haben, entscheidend.

12. Follower auf Social-Media-Plattformen

Bis auf Snapchat macht es jede Social-Media-Plattform unglaublich einfach, sofort zu wissen, wie viele Follower Sie haben.

13. Selbst zubereitete Mahlzeiten

Mehr Sport zu treiben, während Sie ignorieren, was Sie zu sich nehmen, wäre dumm. Einer der Schlüssel zu gesundem Leben ist die Planung der Mahlzeiten. Sie können zählen, wie viele Mahlzeiten Sie innerhalb einer Woche zu Hause zubereitet haben, statt sich Fast Food zu holen.

14. Gespartes Geld

Sie kennen den Betrag auf Ihrem Sparkonto? Das ist eine Form des Messens.

15. Abbezahlte Schulden

Die Länge Ihrer Kreditkartenabrechnung ist eine Form des Messens. Wenn sie Ihnen in einem Karton übersandt wird und der Postbote außer Atem ist, wenn er sie Ihnen überreicht, sollten Sie versuchen, sich auf einen dünneren Stapel herunterzuarbeiten.

16. Verabredungen mit Ihrem Ehepartner

Jenny und ich gehen fünfmal die Woche aus und wir verbringen eine Menge Zeit Händchen haltend und in zwei Krallenfußwannen sitzend, die mitten auf einem Feld stehen, und betrachten den Sonnenuntergang. Also gut, nicht wirklich. Ich bekomme jedes Mal ein schlechtes Gewissen, wenn mir

jemand erzählt, wie perfekt er darin ist, sich mit seinem Ehepartner zu verabreden. Die mit Ihrem Ehepartner verbrachte
Zeit ist gut investierte Zeit. Die Verabredungen mitzuzählen,
die Sie mit ihm oder ihr treffen, kann toll sein.

17. Geschäftliche Kontakte
Vielleicht ist Ihr Geschäft noch nicht bereit für Produktver-
käufe oder Sie befinden sich in einem frühen Entwicklungs-
stadium. Kein Problem, dokumentieren Sie einfach, wie viele
potenzielle Geschäftspartner Sie kontaktiert haben.

18. Geschlafene Stunden
Schlaf wird zu einem heißen Thema, da immer mehr Men-
schen erkennen, dass er ein Schlüssel für Spitzenleistung ist.
(Wieso haben wir so lange gebraucht, um das zu kapieren?)
Dokumentieren Sie das einfach mithilfe eines Weckers oder
noch genauer mit einem tragbaren Gerät.

19. Verschickte Dankesmitteilungen
Vielleicht arbeiten Sie an Ihrer Dankbarkeit. Wie viele Danke-
schön-Karten haben Sie diesen Monat verschickt?

20. Neue Kontakte
Das Wort »netzwerken« ist vielen verhasst, aber vielleicht ist
ein Teil Ihres Ziels, Ihr Netzwerk zu erweitern und nicht nur
Ihren Social-Media-Bereich. Mit wie vielen Menschen haben
Sie sich diesen Monat verabredet?

21. Ungesundes Essen meiden
Sie können auch notieren, was Sie nicht tun. Wenn Sie auf vier
Stücke Pizza und vier Limonaden verzichtet haben, sollten Sie
das aufschreiben. Es wird Ihnen Spaß machen, sich das ganze
Zeug mit seinen massenweisen Kalorien auf einem Haufen
vorzustellen, wie ein Jabba-the-Hutt aus Junkfood. (Siehe *Spa-
ceballs*, die Parodie auf die Star-Wars-Filme.)

22. Gelesene Bücher
Ein verbreitetes Ziel und eines, das geradezu lächerlich einfach
mitzuzählen ist. Wie viele Bücher haben Sie diesen Monat gelesen?

23. Fernsehstunden
    Vielleicht ist Ihr Ziel, die Zeit vor dem Fernseher zu reduzie-
    ren. Das ist einfach, vor allem, wenn Sie meistens Netflix schau-
    en und die Zeiten so dokumentieren können.

Dies sind nur 23 Beispiele, und sehr wahrscheinlich weist Ihr spezi-
fisches Ziel ein paar spezifische Aspekte auf, anhand derer Sie Fortschritte messen können.

Ich möchte lediglich, dass Sie sich ein bis drei Dinge aussuchen,
die Sie messen. Warum so wenige? Wenn es gut läuft, und das wird
es, werden Sie mehr messen wollen. Dazu muss ich Sie nicht einmal
ermutigen. Sie machen es von sich aus. Es macht Spaß, Fortschritte zu erkennen, und Sie werden intuitiv verstehen, wenn es Ihnen
Spaß macht, Ihre Fortschritte in drei Bereichen zu beobachten,
dass fünf dann umso besser sind.

Deshalb kann man sich auch so lange mit Fantasy Football beschäftigen. Sie können so viele verschiedene Aspekte Ihres Fort-
schritts dokumentieren. Und das beweist, dass Sie Dinge messen
können. Falls Sie je Fantasy Football gespielt haben, versichere ich
Ihnen, dass auch Sie das können.

Aber Vorsicht: Übertreiben Sie es nicht damit. Der Perfektionismus würde Sie 30 verschiedene Dinge messen und das Gewicht des
Gemüses bis aufs Gramm wiegen lassen, um sicherzugehen, dass Sie
die exakte Menge an Kalium zu sich nehmen. Treten Sie dann auf die
Bremse. Suchen Sie sich einen bis drei Datenpunkte aus. Das reicht.

Die Vergangenheit ist Ihr bester Lehrmeister

Daten fließen in zwei Richtungen – vorwärts und rückwärts. Die
Punkte, die wir gerade besprochen haben, sind vorwärts gerichtete Daten. Sie dokumentieren sie mit, während Sie voranschreiten.
Rückwärts gerichtete Daten sind aber genauso wichtig, denn sie
veranschaulichen, wie es in der Vergangenheit gelaufen ist.

Die Vergangenheit kann äußerst lehrreich sein, aber ich lerne für gewöhnlich nur ungern von ihr.

So habe ich mich zum Beispiel bei 58 Flügen an die lange Schlange bei der TSA-Sicherheitskontrolle angestellt, bevor ich auf die Idee kam, mich beim TSA Precheck anzumelden und in den Genuss der Express-Sicherheitskontrolle zu kommen.

Warum lernen wir nicht aus der Vergangenheit? Der Perfektionismus sagt uns, dass das auch nur wieder eine Art zu schummeln sei. Wir brauchen die Vergangenheit nicht! Das ist doch wieder nur eine Krücke. Denken Sie daran, der Perfektionismus attackiert alles, was uns den Weg zum Ziel erleichtert, und aus der Vergangenheit zu lernen tut genau das.

Es ist Zeit, Ihre Vergangenheit genau zu untersuchen, um herauszufinden, ob sie Ihnen irgendetwas beibringen kann. Versucht eine frühere Aktion, Ihnen Informationen für das nächste Mal zu geben? Vorsicht – hier besteht wieder die Gefahr, dass Sie dem Perfektionismus erliegen, eine möglichst lange Liste aufzustellen. Wenn Sie anfällig dafür sind, abzuschweifen und sich in Übungen zu verlieren, beantworten Sie einfach nur die ersten drei Fragen und gehen dann weiter. Kommen Sie mir nicht damit, dass alles perfekt sein muss.

Stellen wir uns also folgende Fragen:

1. Was passierte beim letzten Mal, als Sie ein Ziel anstrebten, das vergleichbar ist mit Ihrem aktuellen?
   Seien Sie an dieser Stelle ehrlich. Sie müssen die Ergebnisse nicht aufpolieren, um jemanden zu beeindrucken; niemand außer Ihnen wird Ihre Aufzeichnungen lesen. Und wählen Sie ein möglichst kurz zurückliegendes Ziel, denn wir neigen dazu, uns falsch an Dinge zu erinnern, je länger sie zurückliegen. Es muss nichts sein, das Sie beendet haben, lediglich etwas, das Sie versucht haben.
2. Wenn Sie dieses Ziel bisher noch nie angestrebt haben, wie war es dann bei einem vergleichbaren Ziel?

Sparen zu müssen mag sich völlig anders anfühlen als das Einhalten einer Diät, aber beides sind einschränkende Ziele. (Sie essen weniger und geben weniger Geld aus.) Da gibt es Ähnlichkeiten, aus denen Sie lernen können.

3. Wer war beim letzten Mal involviert?

Ich hasse Wörter wie »Solopreneur«, weil sie die Vorstellung aufrechterhalten, dass Sie Ihr Ziel ganz allein erreichen. Das werden Sie nicht. Niemand ist ein echter Solopreneur. Sie tragen Ihre Post nicht selbst aus. Was immer Ihr Ziel auch ist, es werden andere Menschen involviert und betroffen sein.

4. Wie lange hat es gedauert?

War es ein Monat? Eine Woche? Sechs Monate? Das zu wissen, wird Ihnen helfen, den Fortschritt bei Ihrem neuen Ziel exakt zu messen.

5. Wie viel Geld brauchen Sie für die Fertigstellung?

Gibt es ein Budget für Ihr Ziel? In der Regel ist Geld nicht das Erste, das Sie investieren müssen, es ist Zeit, aber irgendwann wird es vermutlich doch zu einem Faktor werden. Wie viel hat Sie die Arbeit an einem Ziel beim letzten Mal gekostet? Haben Sie Ihr Budget überschritten? War es schwierig, den Überblick über die Kosten zu behalten? Haben die Kosten von irgendetwas Sie überrascht?

6. Gab es eine Deadline? (Das Projekt muss fertig sein am _____)

Eine Deadline kann eines der größten Druckmittel für die Fertigstellung sein. Haben Sie beim letzten Mal einen solchen Termin eingesetzt? Hat das geholfen oder unnötigen Druck erzeugt?

7. Hatte es Konsequenzen, falls Sie das Ziel nicht erreicht haben?

Konsequenzen verursachen Veränderung. Ohne Sie verlieren wir den Fokus. Als Sie beim letzten Mal etwas versucht haben, hätte das Nichterreichen klare Konsequenzen nach sich gezogen? Worin bestanden diese? Hat Sie das motiviert?

8. Falls Sie das Ziel erreicht haben, bekamen Sie eine Belohnung?

Wenn ein Preis Sie motiviert, haben Sie einen bekommen? Falls Sie das Ziel nicht erreicht haben, lag es am falschen Preis?

Vielleicht gab es gar keinen? Welche Art von Belohnung löste das Erreichen des Ziels aus?

9. Falls Sie das Ziel nicht erreicht haben, worüber sind Sie gestolpert?

Das Reisen macht gesunde Ernährung schwierig für mich. Reisen und Burritos, genau genommen. Je älter ich werde, desto deutlicher erkenne ich, dass Scheitern lehrreich ist. Wenn ich einen Fehler mache, ist es wichtig, mir ein paar Fragen zu stellen, sonst werde ich wieder ausrutschen.

10. Wenn Sie es dieses Mal anders machen könnten, was würden Sie verändern?

Wenn Sie das gleiche Ziel noch einmal anstreben würden, inwiefern würde Sie es aus einem anderen Winkel angehen?

All diese Fragen zu stellen und so viele Informationen wie möglich zu sammeln, soll Ihnen die größte Chance auf Erfolg gewährleisten.

Die oben genannten Fragen haben keine magischen Kräfte und mit ihnen ist es auch noch nicht getan. Wenn überhaupt, dann sind sie lediglich der Anfang einer Reihe von Fragen, die Sie bezüglich der Dinge durchführen sollten, die Sie fertigstellen möchten. Je besser Ihre Fragen sind, desto größer sind Ihre Chancen auf Erfolg. Bitte achten Sie darauf, dass im letzten Satz das Wort »besser« steht und nicht »perfekt«.

Mir ist klar, dass das viel Arbeit ist, und ich versichere Ihnen, dass ich mein Bestes gebe, um Sie mit Humor und Bezügen zur Popkultur auf andere Gedanken zu bringen. Diese Übungen sind in etwa so peinlich, als würde Jimmy Kimmel James Corden fragen, wie ätzend er sein »Carpool Karaoke« mit Britney Spears fand. Wahnsinnig wichtig![24]

Es ist die Mühe wert, sich diese Fragen zu stellen, vor allem, wenn Sie ein Ziel haben, das Ihnen wirklich wichtig ist. Behalten Sie im Hinterkopf, dass Sie auf dem Weg dorthin möglicherweise ein neues Ziel brauchen werden. Die Übungen, die wir machen, sind nichts im Vergleich zu der echten Arbeit, es durch den Mittelteil eines Projekts zu schaffen. Ich bitte Sie lediglich, eine Liste mit Aktionen zu erstellen. Wenn Sie dazu schon keine Lust haben, wie, glauben Sie, werden Sie sich erst fühlen, wenn Sie diese Aktionen tatsächlich umsetzen müssen? Aufzuschreiben »Kaltanrufe bei potenziellen Kunden tätigen« ist definitiv einfacher, als es tatsächlich zu tun, wenn die Zeit dafür gekommen ist.

Ihr Ziel zu ändern ist in dem Fall kein Scheitern. Es ist ein Erfolg! Ich fände es sehr viel besser, wenn Sie Ihr Ziel verfeinern oder sich ein besseres aussuchen, als dass Sie sich durch einen schwierigen Prozess schleppen, auf ein Ziel zu, das Ihnen nicht wichtig ist.

Wenn ein Flugzeug mehr ist als ein Flugzeug

Ihre Vergangenheit zu betrachten ist eine der besten Methoden, zu verstehen, wer Sie wirklich sind und wie Sie am besten auf ein Ziel hinarbeiten. Behalten Sie im Hinterkopf, dass der Perfektionismus Selbsterkenntnis nicht ertragen kann. Wenn Sie selbstkritisch sind, werden Sie Ihre Grenzen sehr wahrscheinlich kennen und akzeptieren, was bedeutet, dass Sie nicht auf das Versprechen einer perfekten Leistung hereinfallen. Selbsterkenntnis weckt möglicherweise auch den Wunsch in Ihnen, öfter zu fliegen.

Ich habe drei Freunde, die behaupten, dass sie im Flugzeug mehr Projekte fertigstellen können als an jedem anderen Ort. Ich habe ähnliche Aussagen von Menschen aller Gesellschaftsschichten und Berufe gehört.

Die meisten Menschen würden nicht nachfragen, was es damit auf sich hat, aber jemand, der lernen will, wie man Dinge zu Ende bringt, will wissen, was sich dahinter verbirgt. Was hat ein Flugzeug an sich, dass es Sie so produktiv macht? Es ist nicht die Luftqualität, denn Sie atmen gleichzeitig alle möglichen Arten von Keimen ein. Immer wenn ich Familien sehe, die während eines Flugs einen Mundschutz tragen, frage ich mich: »Was wissen die, was ich nicht weiß?«

Es ist nicht etwa, dass man das eigene Kissen mit auf die Reise nimmt, was das Ekelhafteste ist, das momentan bei Luftreisen vor sich geht. Ich habe noch nie in meinem eigenen Bett gelegen und gedacht: »Wissen Sie, was das noch besser machen würde? Wenn mein Kissen über den Sitz eines Flugzeugs gerieben worden wäre.«

Es ist auch nicht der Getränkeservice. Es gibt nichts Traurigeres, als einer Führungskraft in der Touristenklasse dabei zuzusehen, wie sie auf dem Weg nach Baltimore einen 10-Millionen-Dollar-Immobiliendeal aushandelt und darum bittet, ihr »die ganze Dose Ginger Ale« dazulassen. Ich weiß, dass ich das hinbekomme. Bitte überlassen Sie das mir.

Es sind nicht die geräumigen Sitze oder die siebenstufig verstellbare Rückenlehne oder das Ellenbogengerangel um jede geteilte Armlehne. Warum sind Leute also dann im Flugzeug so produktiv?

Es gibt verschiedene Möglichkeiten:

1. Sie können nur eine begrenzte Menge an Arbeit mitbringen.
   In Ihrem Büro können Sie an allem gleichzeitig arbeiten. Sie sind umgeben von Schränken, Tischen und Schubladen, die mit anderen Projekten vollgepackt sind. Der begrenzte Platz für Handgepäck und die Zwergengröße des herunterklappbaren Tabletts schließt Ablenkungen aus. Sie möchten vielleicht die Grundrisse für das neue Gebäude und die gesamte Anlage mitnehmen, und auch Ihr White Board und Ihren Laptop, aber Sie haben keinen Platz dafür. Außerdem zwingen Flugzeuge Sie dazu, bewusst zu planen und zu packen. Die Projekte, an denen Sie arbeiten, ergeben sich nicht zufällig oder unabsichtlich.
2. Das gleichmäßige Rauschen hilft Ihnen, sich zu konzentrieren.
   Flugzeuge sind laut. Ich bin nicht sicher, ob Sie das wussten. Tonnen von Metall in die Luft zu schieben und die Schwerkraft zu besiegen, ist offenbar nur schwer geräuschlos umzusetzen. Vielen Menschen hilft diese Decke aus gleichmäßigem Rauschen, gedanklich abzuschalten. Es ist so laut, dass es schon

wieder leise ist. (Das könnte das Kung-Fu-Mäßigste sein, was ich in diesem Buch sage.)

3. Die Internetverbindung ist zu schwach, um für Ablenkung zu sorgen.

Ich liebe und hasse das Internet. Ich liebe es, weil es mir die Möglichkeit bietet, alles zu tun. Ich hasse es, weil es mir die Möglichkeit bietet, alles zu tun. Für viele Reisende bietet die ungleichmäßige Internetqualität eine erzwungene Isolation von digitalen Ablenkungen, die Sie auf dem Erdboden nur sehr schwer herstellen können. Man kann im Flugzeug auch keine Textnachrichten bekommen, weshalb man nach der Landung oft Leute stöhnen hört, weil auf Ihren Handys lawinenartig Nachrichten eingehen, sobald das Signal wieder da ist. George R. R. Martin, der Autor von *Game of Thrones*, schafft sich seinen eigenen Offlineraum, indem er seine Bücher auf einem DOS-Rechner aus den 1980ern schreibt.[25]

4. Es gibt eine klar definierte Deadline.

Ein Flug ist zeitlich begrenzt. Es gibt ein eindeutiges Ende. Genau genommen gibt es eine Reihe von möglichen Enden. Sie haben ein Zeitfenster, um zu arbeiten, bevor Sie an Bord gehen. Dann haben Sie ein paar Minuten, während die Maschine beladen wird. Dann müssen Sie Ihren Laptop wegräumen, bis die Maschine eine Flughöhe von 10 000 Fuß erreicht hat. Es gibt sogar eine Ansage, dass Sie Ihren Laptop wegräumen müssen. Für die meisten Menschen ist es das erste Mal seit der Schule, dass Sie eine solche Struktur haben. Der Komiker Demetri Martin nutzt diese Deadline für den Übergang vom Amateur-Komiker zum Profi. »Als ich anfing, machte es Spaß, denn sie [die Witze] flogen mir einfach zu und ich schrieb sie in mein Notizbuch. Aber als es zu meinem Job wurde, erkannte ich, dass ich nicht mehr einfach nur darauf warten konnte. Flugzeuge sind gut, denn ich kann sagen: ›Okay, ich werde zwischen NYC und L.A. 100 Witze aufschreiben. Egal, ob sie gut sind.‹«[26]

5. Niemand kennt Sie.

Ein Flugzeug ist vielleicht deshalb ein großartiger Ort zum Arbeiten, weil niemand Sie kennt. Es sei denn, Sie sind ich und haben sämtliche Kopien Ihres Fotos im *Southwest*-Magazin signiert, damit der Fremde auf dem Mittelsitz weiß, was Sie mit Ihrem Leben anstellen. Abgesehen von der Stewardess oder einem schwatzhaften Sitznachbarn, den man mit einer demonstrativen Vorführung des Aufsetzens von Kopfhörern zum Schweigen bringen kann, wird Sie im Flugzeug niemand behelligen. Niemand kommt in Ihr Büro mit der größten Lüge in der Geschichte unserer Sprache, nämlich: »Hast du mal eine Minute?« Diese »Minute« ist niemals nur 60 Sekunden lang.

Wenn Sie sich eine Situation ein paar Minuten lang ansehen, wird Ihnen einiges klar werden. Der nächste Schritt besteht darin, diese Erkenntnisse in die Tat umzusetzen.

Wenn Ihnen bewusst wird, dass Sie im Flugzeug gut arbeiten können, müssen Sie nicht unbedingt 1000 Flüge im Jahr absolvieren, um auf alle Fälle produktiv zu sein. Aber Sie können das Prinzip übernehmen und es auf andere Teile Ihres Lebens anwenden.

Falls Ihnen zum Beispiel eine begrenzte Arbeitsmenge hilft, sich zu konzentrieren, sollten Sie immer nur einen Ordner aus dem Büro mitnehmen. Wenn das Fehlen einer Internetverbindung Ihnen hilft, bei der Sache zu bleiben, schalten Sie Ihr Handy aus, wenn Sie das nächste Mal mit einem Freund Kaffee trinken.

Nur wenn Sie herausfinden, was nötig ist, damit Sie am besten arbeiten können, und es wiederholen, werden Sie besser werden.

Denken Sie an eine Situation zurück, in der Sie etwas abgeschlossen haben. Welche Elemente dieser Situation waren am hilfreichsten? Wo waren Sie? Welche Musik haben Sie sich angehört? Was haben Sie vorher gemacht? Was haben Sie anschließend getan?

Was bei mir funktioniert, muss nicht zwangsläufig auch bei Ihnen klappen. Die Einzigartigkeit meines Ziels, die Vielschichtigkeit meiner Persönlichkeit und meine Sprungkraft beim Basketball unterscheiden uns deutlich voneinander. Ich kann zum Beispiel nicht zu Hause arbeiten. Das macht mich echt depressiv. Ich weiß, dass unser Ziel als Nation darin besteht, im Pyjama von zu Hause aus zu arbeiten. Aber ich habe es als eines der deprimierendsten Dinge überhaupt erfahren, in Jogginghosen zu arbeiten. Ich behaupte ja nicht, dass ich unbequeme Hosen aus Leinen oder einen Frack mit Bauchbinde tragen muss, aber ich muss das Haus verlassen, um etwas zustande zu bringen.

Ich habe zwei Jahre gebraucht, um diese geradezu lächerlich einfache Bedingung zu erkennen. 15 Jahre lang bin ich ins Büro gependelt. Dieser Rhythmus war mir vertraut. Dieses Tempo lag mir. Dann gründete ich meine eigene Firma und strampelte mich zwei Jahre lang zu Hause ab, ging meiner Frau auf die Nerven, verwickelte vor lauter Verzweiflung unseren Paketboten in lange Gespräche und wusste nicht, warum ich das tat.

Der Perfektionismus sagte mir, dass jeder andere Unternehmer es liebe, von zu Hause aus zu arbeiten. Ich sei der Einzige, der sich damit schwertue. Was stimmte nicht mit mir?

Wenn ich zehn Minuten innegehalten und mich gefragt hätte: »Wie arbeite ich am besten?«, wäre mir schnell klar geworden, dass ich einen Arbeitsweg brauchte. Es muss nicht die absolut nervenaufreibende L.A.-Version sein, aber ich brauchte wenigstens ein paar Minuten im Auto, um richtig wach zu werden und in den Arbeitsmodus umzuschalten. Ich hatte 15 Arbeitsjahre als Beweis dafür, die versuchten, mir das zu sagen. Ignorieren Sie nicht, wie Sie am besten arbeiten, wenn Sie herausfinden wollen, wie Sie Dinge fertigstellen können.

Gilana Telles führte eine Selbsteinschätzung durch, als sie das erste Mal an der »30 Days of Hustle Challenge« teilnahm, und erkannte, dass sie mit einem von ihr selbst erschaffenen komplexen System am besten arbeitet. »Ich schloss 62 wichtige Aufgaben ab, die ich andernfalls bis zur letzten Minute aufgeschoben hätte. Ich entwickelte einen Chart, um meine Ziele wochenweise zu dokumentieren. Ich schuf ein farbcodiertes Kalendersystem.«

Was für sie funktioniert, verursacht bei mir eine Panikattacke. Allein die Formulierungen »farbcodiertes Kalendersystem« und »62 wichtige Aufgaben« lassen bei mir kalten Schweiß ausbrechen. Für Gilana hat es funktioniert, aber nur, weil sie die Aufmerksamkeit auf ihre Stärken gelenkt und diese dann in Handeln umgewandelt hat.

Drei Arten, auf den Fortschritt zu reagieren

Sie haben sich vorwärts gerichtete Daten angesehen. Sie haben auch rückwärts gerichtete Daten betrachtet. Aber was ist, wenn die Zahlen nicht so sind, wie Sie es gern hätten?

Das bezeichne ich als einen Moment der »Perfektionismuspause«. Der Perfektionismus liebt es, Sie auf halbem Weg zum Ziel zu stoppen. Warum scheitern 92 Prozent aller guten Vorsätze? Weil alle Zielsetzer glauben, dass sie nach dem Zusammentragen der Daten fertig seien. Aber Daten, die Sie nur sammeln und dann nicht nutzen, sind nutzlos.

Wenn Sie nun Daten gesammelt haben und die Ergebnisse nicht so sind, wie Sie es sich erhofften? Dann geben viele Menschen auf. Sie fügen sich der Enttäuschung und den unerfüllten Erwartungen.

Wenn Sie unglücklich sind mit Ihrem Fortschritt, gibt es drei verschiedene Rädchen, an denen Sie drehen können:

1. Das Ziel
2. Der Zeitrahmen
3. Die Aktionen

Das Ziel ist Ihre Ziellinie, die Sie festgelegt haben, als Sie mit diesem Projekt anfingen. Für Jason, den Diäthalter, der abnehmen wollte, weil eine ältere Verwandte einen Witz über ihn gemacht hatte, bestand das Ziel in 40 Pfund Gewichtsverlust. Wenn Sie herausfinden, dass Sie nirgendwo auch nur in der Nähe Ihres Ziels sind, müssen Sie möglicherweise dieses Rädchen herunterdrehen.

Vielleicht bestand das Problem darin, dass Jason abwegige 40 Pfund abnehmen wollte und besser 20 Pfund anstreben sollte? Wir haben bereits ausführlich besprochen, worin der Wert besteht, Ihr Ziel zu halbieren.

Das zweite Rädchen, zu dem Jason – und auch Sie – Zugang haben, ist der Zeitrahmen. Statt sich acht Wochen zu geben, um einen Erfolg zu sehen, könnte er den Zeitraum auf 16 Wochen erhöhen. Wenn seine Arbeit an dem Ziel sich über einen längeren Zeitraum erstreckt, könnte er die Chance, den gewünschten Fortschritt zu erzielen, drastisch erhöhen. Auch darüber haben wir bereits gesprochen.

Das dritte Rädchen steht für die Aktionen, die Sie durchführen, um die Ziellinie zu erreichen. Als Jason mit den enttäuschenden Ergebnissen konfrontiert war, hatte er die Möglichkeit, auch an diesem Rädchen zu drehen. Er würde seine Aktionen zahlenmäßig steigern. Zusätzlich zu seiner Arbeit mit einem Personal Trainer könnte er einen Ernährungsberater konsultieren, der ihm einen Essensplan zusammenstellt. Er könnte kalorienreichem Bier und Wein abschwören. Er könnte die Anzahl der Tage erhöhen, an denen er monatlich Sport treibt.

Man sollte anmerken, dass Sie beim Fertigstellen jobbezogener Projekte manchmal keinen Zugang zu den ersten beiden Rädchen haben. Wenn Sie die Ergebnisse prüfen und erkennen, dass Sie Ihr Ziel nicht erreichen werden, haben Sie möglicherweise nicht den Freiraum, Ihrem Chef mitzuteilen: »Ich werde meine zugesagten Verkaufszahlen halbieren und den Zeitrahmen verdoppeln! Mir ist klar, dass wir dieses Projekt für den Kunden rechtzeitig zur Eröffnung des neuen Klinikflügels fertigstellen müssen. Aber ich habe ein bisschen an dem Rädchen für den Zeitrahmen geschraubt, es wird also leider nicht klappen.«

In solchen Situationen müssen Sie Fokus und Energie auf das Aktionsrädchen richten. Sie müssen Ihre Aktionen drastisch steigern, um die Ziellinie zu überqueren. Achten Sie nur darauf, dass eine zahlenmäßige Zunahme der Aktionen nicht mit einer Zunahme an Perfektionismus einhergeht.

Bei privaten Projekten ist es einfacher, an allen drei Rädchen zu arbeiten, da Sie selbst der Federführende sind.

Statt sich selbst fertigzumachen, statt sich vorzugaukeln, wie einfach es in der Vergangenheit gewesen ist, statt aufzugeben, betrachten Sie diese drei Rädchen. Müssen Sie Ihr Ziel, Ihren Zeitrahmen oder Ihre Handlungen justieren?

Warten Sie nicht, bis die Eichhörnchen nach Hause kommen

Ich bin von Natur aus nicht gut mit Daten und hasse sie die meiste Zeit.

Aber wissen Sie, was ich noch mehr hasse? Perfektionismus. Ich hasse es, mich verloren zu fühlen, weil ich nicht weiß, welchen Weg ich am besten einschlagen soll. Ich hasse es, mit der Verdrängung zu leben. Und mehr als alles andere hasse ich Katastrophen.

Als wir in Alpharetta, Georgia, lebten, begann unser Dach an einer Ecke zu vermodern. Ich hatte nie zuvor ein Haus besessen, also wusste ich nicht wirklich, was ich mit dieser Information anfangen sollte. »Oh, sieh dir das an, ein Loch, das von unserem Dachboden direkt nach draußen führt. Klasse!«

Jedes Mal, wenn ich den Rasen hinter dem Haus mähte, schaute ich hoch und sah, dass es größer wurde. Über Monate sah ich dem Fortschritt zu, während sich diese Ecke unseres Hauses langsam auflöste. Ich hatte die Daten. Da war ein 15 Zentimeter großes Loch, aber ich unternahm nichts dagegen. Ich verdrängte, dass es ein Problem sein könnte, weil ich Angst davor hatte, bei genauerer Betrachtung festzustellen, dass wir uns diese Reparatur nicht leisten konnten.

Glücklicherweise reparierte sich das Loch selbst. Unser Haus war wie Wolverine und verfügte über selbstheilende Eigenschaften. Wir haben es von Nationwide gekauft. Wie sich herausstellte, waren sie auf unserer Seite.

Genau genommen kam zuerst die Sache mit den Ameisen. Erst gab es keine einzige Ameise bei uns. Eines Tages bevölkerten sie zu Hunderttausenden eine Ecke unseres Wohnzimmers. Jenny war außer sich, im Gegensatz zu den Spinnen. Sie sponnen sofort Netze in der Ecke über unserem Sofa. Zusätzlich zu dem pulsierenden Ameisenstrom in Richtung Decke hatten wir nun auch noch Spinnennetze voller Leichen. Schon bald erinnerte das Gebilde an einen brennenden Insekten-Mann, mit diversen Käferarten, die auftauchten und rund um das Ameisenbuffet kampierten.

Die Ameisen hätte ich möglicherweise für immer ignoriert – Verdrängung ist eine sehr wirkungsvolle Sache –, aber die Eichhörnchen waren nur schwer zu ignorieren. Eine Eichhörnchenfamilie entschied, auf unseren Dachboden zu ziehen. Sie werden nie friedlicher schlafen, als wenn Sie eine Baumratte direkt über Ihrem Kopf auf dem Dachboden herumhuschen hören, eine mit unendlich langen Reißzähnen. Das ist kein bisschen beängstigend.

Aus dem ursprünglichen 100-Dollar-Loch wurden Tausende Dollar Reparaturkosten, nachdem ich versucht hatte, die Eichhörnchen einzufangen und ein Freund von mir mit einem Fuß durch die Schlafzimmerdecke gebrochen war. Ich wies Jenny auf die Annehmlichkeit hin, sehen zu können, was auf unserem Dachboden los ist, ohne auch nur das Bett zu verlassen. Aber sie weigerte sich, das Positive daran zu sehen. Manchmal ist sie wirklich engstirnig.

Achten Sie auf die Daten. Warten Sie nicht, bis die Eichhörnchen einziehen.

Daten hebeln Verdrängung aus, was wiederum die Katastrophe verhindert.

Der Perfektionismus wird Ihnen sagen, dass Ihre Daten kompliziert sein müssen. Falls Sie es wagen, ein paar zusammenzutragen, wird der Perfektionismus Sie jede Unze Wasser, Sekunde an Zeit und Vokale in dem Buch, das Sie gerade schreiben, dokumentieren lassen.

Tun Sie das nicht.

Unser Ziel in diesem Kapitel besteht darin, drei Punkte herauszukristallisieren, die wir nutzen können. Wozu? Um das fertigzustellen, woran wir gerade arbeiten.

Aktionen:

1. Schreiben Sie ein bis drei Dinge auf, die Sie im Hinblick auf Ihr Ziel dokumentieren können.
2. Überprüfen Sie ein Ziel aus der Vergangenheit, um zu sehen, ob Sie daraus etwas lernen können.
3. Finden Sie Ihr Flugzeug. Wie können Sie am besten arbeiten?
4. Wenn Sie bereits die halbe Strecke zum Ziel zurückgelegt haben, entscheiden Sie, ob Sie Ziel, Zeitrahmen oder Aktionen modifizieren müssen.

Kapitel 8

Der Tag vor der Fertigstellung

Ich habe noch nie gesehen, dass jemand bei einem Marathon nach 40 Kilometern aufgibt.

Ich habe noch nie erlebt, dass jemand sagt: »Weißt du was? Ich bin fast fertig. Ich kann die Ziellinie sehen, aber ich mag gar keine kostenlosen Bananen. Höchste Zeit, Feierabend zu machen.«

Ich habe auch noch nie einen Läufer gesehen, der sich vor dem Ziel gefürchtet hat.

Im Gegenteil, ich habe zerschrammte, erschöpfte Sportler gesehen, die auf dem letzten Kilometer die Geschwindigkeit noch erhöhten. Ich habe Triathleten gesehen, die über die Ziellinie krochen, ihr Körper am Ende, aber ihr Wille ungebrochen. Das war der Moment, um den sie gerungen haben, das war der Moment, für den sie monatelang hart trainiert hatten. Das war der wichtigste Moment von allen.

Warum haben dann notorische Neuanfänger solche Schwierigkeiten mit dem Tag vor der Fertigstellung?

Warum verbrachte Meredith Bray sechs Jahre im Grundstudium, wechselte zweimal das Fach und besuchte sechs verschiedene Hochschulen, um dann absichtlich durch die letzte Prüfung zu fallen und damit sicherzustellen, dass sie keinen Abschluss bekommen würde? Warum weigerte sie sich 23 weitere Jahre lang, bedurfte es einer Operation am offenen Herzen, um sie zu motivieren, endlich einen Abschluss zu machen?

Warum arbeitete eine befreundete Künstlerin sechs bis acht Stunden an einem Kunstwerk, um es dann kurz vor der Fertigstellung zu zerreißen? Bessere Frage: Warum hat sie das bei 100 verschiedenen Gelegenheiten getan? Mit Kunstwerken, die sie nun für 275 Dollar verkauft?

Weil der Tag vor der Fertigstellung furchterregend ist.

Ein letzter Versuch

In den 1980ern sprintete in sämtlichen Liebeskomödien jemand durch ein Flughafengebäude. Aber damals gab es noch nicht so viel Security. Man konnte an irgendeinem x-beliebigen Flughafen auftauchen und im Grunde genommen sagen: »Ich gehe zum Terminal, um mir Flugzeuge anzuschauen.« Ein müder Sicherheitswachmann, der keinen Zugriff auf einen Körperscanner hatte und von daher nicht wirklich wissen konnte, ob Sie irgendwelche Wurfgeschosse am Körper tragen, hätte Sie durchgewunken. Keine Fragen, kein Abtasten, kein Erklärungsbedarf, warum Sie für eine dreitägige Reise vier Dosen Haarpomade brauchen.

Und sollte es vorkommen, dass Ihre große Liebe ein Flugzeug besteigen und aus Ihrem Leben verschwinden will, war es Ihnen erlaubt, wie ein Irrer durchs Flughafengebäude zu rasen.

Es mag nicht zu Ihren Gewohnheiten zählen, Fremde anzurempeln oder über kleine Hunde zu springen, die eindeutig keine Therapiehunde sind, aber dies war Ihre letzte Chance auf Ihr Glück. Ihre gesamte Beziehung war auf diesen Punkt hinausgelaufen und es gab nichts, was Sie nicht getan hätten, um sie zu retten. Sie waren verzweifelt.

Genau dieses Gefühl vermittelt Ihnen der Perfektionismus am Tag vor der Fertigstellung.

Sie haben sich durch den Tag nach »perfekt« gekämpft. Sie haben Ihr Ziel halbiert. Sie haben Ihre Kuckucke vertrieben. Sie haben dafür gesorgt, dass Ihr Ziel Spaß macht. Sie sind nur Zentimeter vom Ziel entfernt, und der Perfektionismus weiß das.

Er hat nur noch eine letzte Chance, die ganze Sache scheitern zu lassen, eine letzte Gelegenheit, das Ziel zu kippen.

Und bedauerlicherweise sehen die meisten Menschen das nicht kommen.

Wir reden nicht darüber. Wir wissen, dass der Mittelteil Plackerei ist. Wir verstehen, dass es auf halber Strecke jeder Bemühung eine Flaute geben wird. Das ist der Moment, wenn es hart wird.

Aber haben Sie jemals jemanden sagen hören: »Der schlimmste Teil kam, als ich die Ziellinie schon sehen konnte«? Natürlich nicht. Wir glauben, dass die Ziellinie ein Magnet ist, der uns automatisch ins Ziel zieht. Und teilweise ist es auch so; sie ist ein Magnet, aber für gewöhnlich mit dem abstoßenden Pol auf uns gerichtet. Er zieht uns nicht, sondern schiebt uns weg.

In diesem Moment ertönt die Stimme des Perfektionismus. Wie ein Schurke, dem Sie lediglich einen Streifschuss verpasst, den Sie aber nicht im Stil von John Wick entwaffnet haben, erhebt er sich zu einer letzten Sperrmauer aus Angst.

Und diese letzten drei Ängste sind Prachtexemplare.

Die drei letzten Ängste des Perfektionismus

Es ist nicht ungewöhnlich, Angst vor dem Erfolg zu verspüren, je näher Sie dem Ziel kommen. Das ist ziemlich normal und etwas, über das wir ausführlich gesprochen haben, als wir uns die Kuckucke angesehen haben, die sofort vertrieben werden mussten. Aber über diese Wald-und-Wiesen-Sorgen hinaus gibt es drei verschiedene Ängste, die mit der Ziellinie in Verbindung stehen. Wenn Sie der Ziellinie näherkommen, werden Sie eine oder sogar vielleicht alle drei hören.

1. Die Angst, was als Nächstes passiert
   Manchmal haben Sie keine Angst vor der Fertigstellung, sondern vor dem, was danach kommt. Ihr Buch fertigzustellen ist das eine. Es aber dem Feedback Fremder auf Amazon auszusetzen, ist etwas anderes. John Steinbeck beschrieb das perfekt

anhand seiner Figur Henri in *Die Straße der Ölsardinen*. (Es ist seltsam, dass er Amazon 100 Jahre vor dem tatsächlichen Erscheinen voraussagte, aber so gut war Steinbeck eben.) Henri baute jahrelang an einem Boot, das nie in See stach. Im letzten Moment, kurz vor der Fertigstellung, änderte er es wieder um und fing von vorne an. Die meisten seiner Freunde hielten ihn für verrückt, aber einer verstand, was vor sich ging. »Henri liebt Boote, aber er fürchtet das Meer. … Er braucht es nicht, er liebt es. Angenommen, er stellt es fertig! Gleich werden alle sagen: Ins Wasser damit! Wenn er es aber vom Stapel lässt, muss er damit auch in See stechen, und er ist hat Angst vor dem Wasser. Das ist der Grund, weshalb sein Boot nie fertig wird.«[27]

Henri hatte Angst vor dem Wasser. Wovor haben Sie Angst? Ist es Kritik? Fremde können Ihr Werk nicht kritisieren, wenn es nie fertiggestellt wird. Es ist einfacher, Ihre Idee in einer Kiste unter dem Bett zu verstecken, als sie der Welt mitzuteilen.

Seien Sie ehrlich, liegen in Ihrem Dock nicht auch gerade ein Dutzend halb fertiger Boote vor Anker? Verharren Sie im Stadium kurz vor dem Stapellauf? In diesen Situationen glauben wir, uns schwere Stunden zu ersparen, wenn wir die Sache nicht vollenden, aber das stimmt nicht.

Talent, das Sie nicht beanspruchen, endet in Verbitterung. Auf die Frage, was er getan hätte, wenn er kein Schriftsteller geworden wäre, antwortete Stephen King: »Dann wäre ich vermutlich mit etwa 50 an Trunksucht gestorben. Und ich bin nicht sicher, ob meine Ehe gehalten hätte. Ich denke, dass es extrem schwer ist, mit Menschen zusammenzuleben, die ein Talent haben und nicht in der Lage sind, es zu nutzen.«[28]

Boote werden fürs Wasser gebaut. Sie werden schon herausfinden, was als Nächstes kommt, wenn Sie den Moment erreicht haben. Machen Sie sich nicht jetzt schon verrückt.

2. Die Angst, dass es nicht perfekt sein wird

Ich habe 7,9 der acht Harry-Potter-Bücher gelesen. Sie sind nicht sicher, was das bedeutet? Sie müssen ein normaler Mensch sein.

Ich wette, das ist nett. Ich wollte nicht, dass die Reihe endet, und hatte Angst, dass das Ende nicht umwerfend sein könnte. Also ging ich bis kurz vor die Ziellinie, las Tausende Seiten und hörte dann auf. Das Buch steht immer noch bei mir im Regal wie ein stiller Vorwurf.

Aber ich bin nicht der Einzige, der das getan hat. Auf Facebook hat Matt Bunk mir erzählt: »Ich habe alle Staffeln von *Breaking Bad* gesehen und dann vier Folgen vor dem Ende aufgehört. Ich wollte einfach nicht, dass es schlecht endet, also guckte ich es nicht weiter.«

Das passiert mit Büchern und Filmen und Zielen, weil der Perfektionismus ein letztes Mal angreift. Wenn Sie um die letzte Ecke biegen, wird er lauter. »Oh, fast fertig. Wie aufregend! Ich hoffe, es ist alles so, wie du es haben wolltest. Wäre es sonst nicht schrecklich? Kannst du dir das vorstellen? Das wäre eine Enttäuschung. Aber ich bin sicher, dass es gut sein wird. Es wird wunderbar sein. Das weiß ich einfach.«

»Moment mal«, denken Sie. »Wenn der Perfektionismus nun recht hat? Wenn es nun nicht umwerfend ist?«

Die vorhin erwähnte Künstlerin, die dazu neigte, ihre Arbeiten zu zerreißen, kämpfte mit derselben Angst. Weil es »nicht perfekt war«. Kurz vor der Fertigstellung wurde ihr dies schlagartig bewusst und sie zerriss etwas, in das sie viele Stunden Arbeit gesteckt hatte.

Wenn Sie nun Jahre davon geträumt haben, Ihr Buch in einem Ladenregal zu sehen, und wenn es dann tatsächlich so weit ist, ist das nicht das beste Gefühl der Welt? Wenn Ihre Waage endlich das Gewicht anzeigt, für das Sie Ihren Diätplan eingehalten haben, und die Erde erstarrt deshalb nicht in Ehrfurcht? Wenn Sie nun 1 Million Dollar verdienen und trotzdem nicht glücklich sind?

Das sind alles legitime Fragen und ich werde sie auf dieselbe Weise beantworten, wie ich Fragen dieser Art im gesamten Buch beantwortet habe.

Es wird nicht perfekt sein. Wird es nicht. Nicht, weil Sie etwas falsch gemacht haben, sondern weil es im Leben nun einmal nicht so läuft.

Das Leben ist immer ein bisschen anders als das, was wir erwarten. Die Farben sind anders, als wir sie uns im Kopf vorgestellt haben. Der Moment entfaltet sich mit einem anderen Rhythmus, als wir vorhergesagt haben. Die Gefühle, auf die wir vertraut haben, gestalten sich anders.

Ich dachte, das Beenden dieses Buches sei mein großer Moment. In meinem Kopf stellte ich mir vor, wie ich schreiben würde »Ende« und dann mit einem zufriedeneren Lächeln, als ich es mir je hätte erträumen können, nach dieser letzten Seite aufstehe. So ist es aber nie gekommen. Ich erinnere mich nie an den Moment der Fertigstellung. Wissen Sie, woran ich mich erinnere? Der Moment, in dem gedruckte Exemplare eines Buches in der Post sind. Als ich *Do Over* bekam, waren nur meine jüngste Tochter, McRae, und ich zu Hause. Ich habe die Tracking-Information bei UPS aktualisiert wie ein Geisteskranker. Ich konnte es nicht erwarten, den Karton zu öffnen.

Das Perfekte können Sie nicht bekommen, aber das, was Sie bekommen, ist noch sehr viel besser. Sie bekommen eine Überraschung. Sie bekommen etwas, womit Sie nicht gerechnet haben. Weil das die Wahrheit ist. Niemand sieht es kommen. Nicht einmal Burt Reynolds.

Als er den Film *Ein ausgekochtes Schlitzohr* drehte, gab es kein Drehbuch.[29] Sie haben den ganzen Film über improvisiert. Regie führte ein Stuntman, der noch nie Regie geführt hatte. Die Handlung war furchtbar. Bandit und Cletus mussten 400 Kisten Coors-Bier von Georgia nach Texarkana, Texas schmuggeln. Das ist kein Film, das ist ein Auftragszettel für einen UPS-Fahrer. Als Sally Field auf den Film angesprochen wurde, sagte sie: »Ich dachte, es sei das Ende von allem, für das ich so hart gearbeitet hatte.«

Vergleichen Sie das mit einem anderen Film, der weitaus größere Erfolgschancen hatte. Regie führte Jon Favreau, der auch bei der Verfilmung des Comics *Iron Man* Regie geführt hatte. Produzent war Ron Howard von dem berühmten Film *Apollo 13*. Die Hauptrollen spielten Harrison Ford (Han Solo) und Daniel Craig (James Bond).

Zwei unterschiedliche Filme mit zwei verschiedenen Ergebnissen. *Cowboys & Aliens* floppte, obwohl er alle Merkmale möglichen Erfolgs aufwies. Er war ein jämmerlicher Versager, der nur 11 Millionen Dollar[30] einbrachte. Wie bitte? Am ersten Wochenende seiner Spielzeit? Da waren es nur 11 Millionen Dollar? Nein, das war alles, was insgesamt nach Abzug der Produktionskosten blieb.

Was ist mit *Ein ausgekochtes Schlitzohr*? Der Film spielte etwa 300 Millionen Dollar ein und stand damit an zweiter Stelle in jenem Jahr, als auch *Star Wars* in die Kinos kam.

Warum sollten Sie den Perfektionismus ignorieren, wenn er Ihnen einzureden versucht, dass etwas nicht gut genug sein wird? Weil niemand das Ergebnis vorhersagen kann. Und schon gar nicht der Perfektionismus. Bon Jovi wollte »Living on a Prayer« nicht mit aufs Album packen. Er mochte den Song nicht und dachte, allen anderen würde es genauso gehen. Die Geschichte ist voll von Beispielen wie diesen.

3. Die Angst vor dem »Was nun?«

Wenn man sagt: »An der Spitze ist es einsam«, dann ist damit vermutlich jene lähmende Ratlosigkeit gemeint, die einen überkommt, wenn man ein Ziel erreicht hat: »Was nun?« Die erste Angst, »was als Nächstes passiert«, dreht sich darum, was nun mit dem Ziel geschieht, das Sie fertiggestellt haben. Von einem Geschäft zu träumen ist sehr viel einfacher, als den Schritt tatsächlich zu tun und eines zu eröffnen. »Was nun« dreht sich darum, ein neues Ziel zu finden. Wenn Sie nur ein Ziel vor Augen haben und das plötzlich erreicht ist, was tun Sie dann? In Situationen, in denen sich die Person völlig mit dem Ziel identifiziert hat, kann das richtig gefährlich werden. Man erlebt das manchmal bei Profisportlern oder Kinderstars.

Im Alter von sechs bis 30 Jahren war Football Ihr Leben. Nun, mit 31, gelten Sie als alt und über Ihre Glanzzeit hinaus. Sie werden vom Team getrennt und wissen plötzlich nicht mehr, wer sie sind. Dann, noch schlimmer, müssen sie Werbespots für Wrangler-Jeans drehen. Zu Ihrem und zu meinem Glück haben wir uns in Kapitel 5 auf diese Situation vorbereitet. Sie haben eine ganze Liste von »Was nun?«-Möglichkeiten. Erinnern Sie sich an all die neuen Ideen, die Sie der Liste hinzugefügt haben? Sobald Sie das aktuelle Ziel fertigstellen, werden Sie diese Liste hervorholen. Ich werde zum Beispiel an einem Podcast arbeiten. Die Ziellinie ist nicht beängstigend, wenn Sie sich klarmachen, dass es auch die Startlinie für etwas Neues ist. Es ist nicht das Ende, es ist lediglich der Anfang von etwas anderem.

Ich stand einmal in Zentralamerika am Rand einer Klippe und fragte mich :»Was nun?« Ich hatte während der Collegezeit ein paar Wochen in Costa Rica verbracht, um Spanisch für mein Nebenfach zu lernen. Ich war mit 30 anderen Studenten gereist, und nun überwältigte mich die Realität, dass die Reise zu Ende war. Ich wusste, dass all die Cliquen, die sich aufgelöst hatten, als wir zu der Reise aufbrachen, sich nach unserer Rückkehr wieder bilden würden. Ich würde dann nicht mehr mit den 30 Menschen sprechen, die meine Freunde geworden waren. Ich stand an der Klippe, blickte übers Meer und erfand mit meiner Trauer die Emo-Subkultur. Überall um mich herum lachten die Leute, waren guter Laune und genossen einen unserer letzten gemeinsamen Abende, während ich auf meiner einsamen Ein-Personen-Trauerfeier war.

Mit so einem Moment hatte ich nicht nur einmal zu kämpfen. So fühle ich mich manchmal auch, wenn ich Reden bei Veranstaltungen halte. Einmal hielt ich in Atlanta eine Rede vor rund 1000 Menschen. Es war ein emotionales Ereignis, weil ich mir schon seit fünf Jahren gewünscht hatte, einmal auf dieser Veranstaltung eine Rede zu halten. Es war ein unglaublicher

Höhepunkt. Anschließend sollte ich mit den anderen Rednern zu Abend essen, hatte jedoch die falsche Adresse. Zehn Minuten nachdem ich von der Bühne getreten war, fand ich mich auf dem Parkplatz eines Sandwichladens wieder. Als ich eintrat, um mir ein Sandwich zu bestellen, saßen dort fünf Leute aus dem Publikum an einem Tisch und boten mir sofort einen Platz an. Sie sahen mich mit diesem traurigen Sandwichladen-Mitleid an. »Was tun Sie denn hier?«, fragten sie. Es war eine unglaublich demütigende Erfahrung.

Ich bin nicht der Einzige, der immer wieder von der Ratlosigkeit des »Was nun?« am Boden zerstört ist. In dem Dokumentarfilm *Conan O'Brien Can't Stop* begleiten wir Conan bei seiner Tour durchs Land, nachdem seine Late-Night-Show bei NBC gestrichen wurde. [31] Der ganze Film dreht sich um die Schwierigkeit des »Was nun?«, aber vor allem eine Szene in New York.

Conan hatte gerade vor der ausverkauften Radio City Music Hall gespielt. In den Straßen drängen sich die Menschen und hoffen, dass er nach der Show hinauskommen wird. Einer von Conans Mitarbeitern sagt: »Du gehst da nicht raus.« Conan sieht ihn verblüfft an und erwiderte: »Du verstehst das nicht. Ich kann doch nicht einfach von dem hier [auftreten] übergehen zu – was? – Ein E-Book lesen?« Mit einem Schulterzucken eilte er hinaus, um ein bisschen länger in Bewunderung zu baden.

Sie brauchen eine Antwort auf die Frage »Was nun?«. Es ist legitim, darüber nachzudenken, aber noch einmal: Lassen Sie nicht zu, dass sich Perfektionismus einschleicht. Er wird Ihnen sagen, dass Sie schon vor der Fertigstellung des Aktuellen eine perfekte Antwort auf das »Was nun?« brauchen. Das ist Unsinn. Sie müssen sich nicht schon die nächste Sache ausgedacht haben, bevor Sie das hier abschließen. Schließen Sie es also ab. Lassen Sie sich von der Angst des »Was nun?« nicht die Freude über des Erreichen Ihres aktuellen Ziels verderben. Lassen

Sie nicht zu, dass der Perfektionismus Sie mit einem fiktiven zweiten Ziel ablenkt, wenn Sie ein reales fast erreicht haben. Wenn Sie sich durch eine dieser Ängste nicht aufhalten lassen, dann durch die simple Realität.

Es ist einfacher, ein neues Ziel anzufangen, als ein altes abzuschließen.

Es ist erstaunlich, wie viel attraktiver all unsere anderen Wünsche werden, je näher wir dem Erfüllen des einen kommen. Die Sirenen, die Odysseus betörten, waren nichts gegen die Ablenkung durch neue Ziele, die uns in diesem Moment an den Klippen zerschellen lassen.

Es ist so, als würde man sich 1000 Filmtrailer anschauen, aber nie einen ganzen Film. Sie verspüren einen kurzen Ausbruch von Begeisterung, werden jedoch verpassen, was einen Film wirklich besonders macht, wenn Sie ständig einen neuen anfangen. Verlieren Sie nicht Ihren Fokus. Geben Sie in diesem Moment nicht dem Neuen nach. Geben Sie jetzt nicht auf. Wir sind so dicht dran, und da ist jemand, den Sie treffen müssen, der dafür sorgt, dass Sie es nicht tun.

Sie können eine Krise nicht planen, aber Sie können einen Freund anrufen

Wenn Menschen erst lange feststecken und dann plötzlich einen Durchbruch erzielen, gibt es in der Regel zwei Gründe dafür.

Der erste ist, dass sie eine lebensverändernde Erfahrung hatten. Meredith kehrte nach 23 Jahren zurück an die Uni, um ihren Abschluss zu machen, weil sie eine Operation am offenen Herzen hinter sich hatte und erkannte, wie zerbrechlich das Leben ist.

Das ist eine unglaublich starke Form der Motivation, aber keine, die Sie wirklich planen können. Ich kann in diesem Buch kein Kapitel mit dem Titel »Wie man beinahe stirbt« aufnehmen. Eine dramatische Nahtoderfahrung kann nicht die Lösung sein, auch wenn es für die Figur, die Michael Douglas in dem Film *The Game* spielte, so gewesen sein mag. Über die Maßen reich und gelangweilt wird Douglas in eine lebensgefährliche Erfahrung gestürzt, die sich als durchorganisiertes Geburtstagsgeschenk seines Bruders, Sean Penn, entpuppt.

Falls Sie ein Öl-Tycoon sind, stehen Ihnen diese Möglichkeiten natürlich offen, aber vermutlich sind Sie keiner. Damit bleibt der zweite Weg, um sicherzustellen, dass Sie etwas vollenden: ein Freund.

Bei meinen Recherchen darüber, was den Menschen wirklich hilft, etwas abzuschließen, war es immer wieder ein Freund, der den Zweck erfüllte.

Die Künstlerin, die ihre Arbeiten zerriss, erfuhr das aus erster Hand. Eines Tages erwähnte sie gegenüber einem Freund, dass sie immer wieder ihre Arbeiten zerstöre. Es war kein besonderer Moment der Aussprache, sie erwähnte es nur beiläufig.

Der Freund riss die Augen weit auf und sagte zu ihr: »Du wirst nie wieder eine deiner Arbeiten zerreißen!« Von dem Tag an ließ sie es sein.

Was ich an dieser Geschichte so liebe, ist, dass der Freund ihr keine beredsame Erklärung lieferte, warum sie damit aufhören müsse. Der Freund zeigte ihr kein gerahmtes Foto anderer Künstler und erzählte keine Geschichte im Stil von Robin Williams, dass alle ihr leise rieten: »Carpe diem!« Dieser Freund ging nicht dazu über, ihre Fortschritte im Laufe der folgenden Monate zu dokumentieren und ihr ganzes Leben umzuorganisieren. Dieser Freund war nicht Morgan Freeman.

Ich glaube, das ist genau das, was wir manchmal wollen.

Wir erwarten einen weisen Guru, der plötzlich auftaucht und sagt: »Entscheide dich zu leben oder entscheide dich zu sterben.« Das klingt mit Freemans Akzent natürlich sehr viel besser, aber die Veränderung, die wir brauchen, ist für gewöhnlich nicht so aufwendig. Sie ist nicht so kompliziert. Sie ist nicht so dramatisch.

Es ist einfach nur ein Freund, der die Schleife der Gewohnheiten durchbricht und Ihnen sagt, dass Sie mit dem Zerreißen aufhören sollen. Es ist ein Freund, der Ihnen sagt, dass das, was Sie als normal akzeptiert haben, nicht normal ist. Es ist der Gastgeber einer Talkshow, der sich über Sie lustig macht.

Letzteres wird Ihnen wohl kaum widerfahren, es ist jedoch das, was den Komiker Chris Hardwick zu einer Veränderung ansportnte. Eines Abends machte Jon Stewart in *The Daily Show* einen Kommentar über Chris. Hardwick sah sich die Sendung vor dem Fernseher zu Hause an und war niedergeschmettert. Er beschloss noch am selben Abend, mit dem Trinken aufzuhören, abzunehmen und seine Angelegenheiten in Ordnung zu bringen.[32]

War das leicht? Natürlich nicht, aber der Punkt ist, dass der Anstoß dazu von einem befreundeten Komiker kam.

Wir brauchen Freunde auf dem gesamten Weg zum Ziel, aber an der Ziellinie sind sie am wichtigsten.

Ziehen Sie los und suchen Sie sich einen und, vielleicht noch wichtiger, seien Sie selbst einer.

Der Autor Josh Shipp wechselte in seiner Kindheit von einer Pflegefamilie zur nächsten. Viele Teenager wären in dieser Erfahrung stecken geblieben und hätten nie einen Weg aus diesem Elend herausgefunden. Josh verwandelte seine Erfahrung in eine Mission, anderen gefährdeten Kindern zu helfen. Einer seiner Lieblingssprüche ist: »Jedes Kind ist nur einen fürsorglichen Erwachsenen entfernt von einer Erfolgsgeschichte.« Ich liebe diese Vorstellung und glaube, dass sie auf Kinder zutrifft.[33] Und auch auf Erwachsene.

Wir entwachsen nie dem Bedürfnis, jemanden zu brauchen, der an uns glaubt.

Es ist nicht kompliziert. Es ist nicht schwierig. Es ist nicht zeitaufwendig. Jemand in Ihrem Umkreis muss davon abgehalten werden, etwas zu zerreißen.

Stellen wir uns noch eine Frage, die sich keiner stellt

Folgende Frage haben Sie sich bestimmt noch nie gestellt:

»Was habe ich davon, wenn ich aufgebe?«

Sie bekommen dann nämlich etwas.

Wenn Sie eine Zeit lang ein Ziel hatten oder eines, das Sie angefangen und routinemäßig aufgegeben haben, dann gibt es einen Grund dafür. Sie haben etwas davon, dass Sie die Sache nicht abschließen. Da ist irgendwo ein Stück Käse in diesem Labyrinth.

Eine aufstrebende Künstlerin erzählte mir auf Facebook, sie wisse, warum sie die Dinge nicht beende. »Wenn ich denke, dass ich vielleicht keinen Erfolg haben werde, dann darf mich alles vom Erreichen meines Ziels abhalten.«

Können Sie den Perfektionismus heraushören? Sie fürchtet, keinen Erfolg zu haben, dass es nicht perfekt sein wird.

Das ist ein klassischer Nutzen des Nichtbeendens. Sie können an der Illusion festhalten, dass Sie es zu Ende führen könnten, wenn Sie wirklich wollten. Bevor Sie sich eingestehen müssen, dass Sie vielleicht gar nicht so gut sind, verstecken Sie sich lieber hinter dem Mythos des »Ich hätte können«. Aus diesem Grund wird meine Freundin Carly Ihnen niemals etwas auf der Geige vorspielen.

»Ich habe sie seit drei Jahren, und in dieser Zeit hat sie genau zweimal ihren Kasten verlassen. Ich habe Angst davor. Wenn ich damit anfange und erkenne, dass ich keinen Erfolg haben werde, dann stirbt der Traum vom Geigespielen sofort. Deshalb ergibt es absolut Sinn, niemals damit anzufangen und sie einfach für immer in diesem Kasten zu lassen, richtig? Was für ein Quatsch.«

Tief in ihrem Innern weiß sie, was sie tut, denn sie hat sich die Frage gestellt: »Was habe ich davon, wenn ich aufgebe?«. Wie ist es mit Ihnen?

Welchen üblichen Nutzen ziehen Menschen daraus, etwas nicht fertigzustellen? Drei Personen, denen das Fertigstellen sehr schwerfällt, haben mir folgende drei Dinge genannt:

1. Kontrolle über das Ergebnis
   Wenn ich es versuche, könnte ich scheitern. Wenn ich es nie versuche, kenne ich zumindest das Resultat.
2. Das Lob, ein Märtyrer zu sein
   Wenn Sie Ihre Ziele »opfern«, indem Sie sich auf andere Aspekte des Lebens konzentrieren (zum Beispiel Kinder, Ziele des Ehegatten, andere Ereignisse im Leben), erhalten Sie Anerkennung von anderen, die beeindruckt sind von Ihrem »selbstlosen« Handeln.
3. Keine hohen Erwartungen anderer
   Wenn ich versuche, Erfolg zu haben, dann werden die Erwartungen an mich beim nächsten Mal noch höher sein. Lieber überrasche ich die Menschen gelegentlich mit dem, was ich kann, statt mir den Ruf aufzubauen, erfolgreich zu sein.

Wenn Ihnen das, was Sie durch das Nicht-Fertigstellen einer Sache gewinnen, wichtiger ist, als Ihr Ziel zu erreichen, dann ist dieses Buch für Sie nutzlos.

Einmal sagte ich zu meiner Frau, ich wünschte, ich hätte bessere Freunde, und sie erwiderte: »Nein, tust du nicht.«

Auf meine Frage, was sie damit meine, antwortete sie: »Du bist Fremden gegenüber extrovertiert, und bei Menschen, die du kennst, bist du introvertiert. Du benutzt deinen Reiseplan als Entschuldigung, um dich vor Beziehungen zu verstecken.«

Du sagst gemeine Dinge, Jenny!

Sie hatte recht. Ich ging meinen Beziehungen aus dem Weg. Mein Gewinn daraus war Sicherheit, denn ich glaubte, andere könnten mich nicht verletzen, wenn ich erst gar keine Nähe zu ihnen aufbaute. Das klingt wie die Handlung einer Schmonzette. »Umgeben von Menschen, allein zu Hause, der Kampf eines Mannes, die Risiken von Beziehung zu akzeptieren.«

Es gab sicherlich Zeiten, da musste ich Beziehungen pausieren lassen, um mich auf ein Ziel zu konzentrieren, aber je länger ich an dem festhalte, was ich als den Nutzen des Versteckens ansehe, desto länger werde ich mit meinem Ziel scheitern, Freunde zu haben.

Der Perfektionismus bietet uns stets eine verzerrte, eingeschränkte Version der Welt an. Meine Freundschaften waren in dem Sinne »perfekt«, dass sie nicht wehtaten. Aber da ich mir nie die Mühe machte, in Freundschaften zu investieren, waren meine Beziehungen nicht echt.

Was bekommen Sie dafür, dass Sie etwas nicht zu Ende bringen?

Seien Sie ehrlich mit sich selbst. Und falls Sie etwas finden, blasen Sie die Belohnung oder die Angst, die Sie motiviert, noch richtig auf.

Stellen Sie sich eine Wippe auf einem Spielplatz vor. Wenn Sie einen starken, zugegebenermaßen krankhaften Nutzen daraus ziehen, auf der einen Seite nicht bis nach unten zu kommen, sind alle Bemühungen auf der anderen Seite umsonst. Die Begeisterung, in meinen eigenen Skischuhen Ski zu fahren statt in geliehenen Folterwerkzeugen, war groß genug, das in den Schatten zu stellen, was ich bekommen würde, wenn ich mein Buch nicht fertigstelle.

Wäre es das nicht gewesen, dann hätte ich der Belohnung noch Ski hinzugefügt und vielleicht einen Trip nach Colorado. Finden Sie heraus, was Sie dafür bekommen, dass Sie etwas nicht fertigstellen, und lassen Sie die Wippe dann zu Ihren Gunsten ausschlagen, vor allem, je näher Sie der Ziellinie kommen.

Wer fürchtet sich vor der Ziellinie?

Fürchten Sie nicht den Tag vor der Fertigstellung. Fürchten Sie die Ziellinie nicht. Sie haben zu hart gearbeitet, um jetzt aufzugeben.

Gibt es ein paar Wellen im Meer? Wird es Menschen geben, die Ihre Kunst nicht verstehen? Wird sich das Ergebnis von dem in Ihrer Vorstellung unterscheiden? Ja. An einem so weit fortgeschrittenen Punkt dieses Buches kann ich Sie nicht belügen. Aber wenn

Sie es nicht fertigstellen, werden Sie nie die unglaubliche Freude erleben, ein sich selbst gegebenes Versprechen gehalten zu haben.

Das ist es, was wir tun: eine Verpflichtung uns selbst gegenüber einzuhalten und zu wissen, dass wir sie erfüllt haben, wenn wir es fertigstellen.

Aktionen:

1. Finden Sie heraus, mit welchen der drei oben genannten Ängste Sie am meisten zu kämpfen haben (falls es welche gibt).
2. Schreiben Sie den Namen eines Freundes auf, an den Sie sich wenden können.
3. Beantworten Sie die Frage: »Was bekomme ich dafür, wenn ich es nicht fertigstelle?«

Fazit

Ich muss Ihnen etwas gestehen.

Mindestens dreimal in der Woche schaue ich mir YouTube-Clips von *The Voice* an.[34]

Und ich sehe mir nicht nur die amerikanische Ausgabe der Sendung an, die mit Blake Shelton, Pharrell, Gwen Stefani und Adam Levine. Ich steige in tiefe Kaninchentunnel hinab, die mich schließlich zu einem Wettbewerb für Opernsänger bei *The Voice of Albania* führen. Moderator ist natürlich Ledion Lico.

Für alle, die diese Sendung noch nie gesehen haben: Es ist ein Gesangswettbewerb, vergleichbar mit *American Idol*.

Mein Lieblingsteil ist das Vorsingen. Im Unterschied zu anderen Musiksendungen kann die Jury den Kandidaten nicht sehen, wenn er oder sie zu singen anfängt. Die vier Jurymitglieder sitzen in schweren Sesseln, wie der Schurke in einem James-Bond-Film in seinem Versteck im Innern eines toten Vulkans.

Wenn ihnen gefällt, was sie hören, können die Jurymitglieder auf einen großen Knopf drücken und den Sessel herumdrehen, damit sie den Kandidaten sehen. Manchmal sieht der oder die Interpretin genauso aus, wie man es sich bei der Stimme vorgestellt hat, und man ist nicht überrascht. Aber die besten Vorführungen sind die, bei denen das Aussehen der Person überhaupt nicht zur Stimme passt.

Sprachlos werfen die Jurymitglieder die Hände in die Luft, drücken ein Dutzend Mal auf den großen Knopf, und das Publikum springt auf zu Standing Ovations.

Deshalb macht es so viel Spaß, Leuten wie Susan Boyle und Paul Potts zuzuschauen. Keinem von beiden sieht man an, wie viel Talent in ihr oder ihm steckt. Beide wirken ganz normal und eher durchschnittlich. Auf der Straße würde man an ihnen vorbeigehen, ohne dass sie einem auffallen. Aber wenn sie den Mund öffnen und das tun, was sie tun sollen, ist das umwerfend.

Auf jeden Paul Potts kommen jedoch 1000 Menschen, die es nie versucht haben. Auf jede Susan Boyle kommen 1000 Sänger und Sängerinnen, die sich für nicht gut genug halten, es bei einem Vorsingen auch nur zu versuchen.

Das ist letztlich das Schlimmste, was der Perfektionismus anrichtet.

Er hält Sie zu Hause fest. Er fesselt Sie an das Sofa. Er sorgt dafür, dass Sie es nie versuchen.

Er bringt Sie zum Abschlussexamen Ihres sechsjährigen Hochschulstudiums und überredet Sie dann, absichtlich durchzufallen.

Ich kenne Sie nicht. Wir werden uns möglicherweise nie begegnen. Vielleicht werden Sie nie sehen, dass ich in Wirklichkeit viel größer bin. Wie ein Basketballspieler. Googeln Sie es.

Aber eines weiß ich. Wenn Sie dem Perfektionismus nachgeben, dann reicht es jetzt.

Hören Sie sofort auf, Ihre Bilder zu zerreißen.

Aber vielleicht kommen Sie ja erst gar nicht so weit. Vielleicht können Sie sich ja nicht einmal überwinden, zum Geschäft zu fahren und Malbedarf zu kaufen. Vielleicht schafft Ihre Kunst es erst gar nicht bis auf die Leinwand.

Ich weiß nicht, welche Hindernisse Sie zu Fall bringen. Ich weiß nicht, welche Perfektionsfalle bei Ihnen am häufigsten greift. Ich weiß nicht, warum Sie sich weigern, etwas zu Ende zu bringen.

Ich weiß nur, dass es einen Moment gibt, zu dem ich Sie einladen möchte: zu dem Moment, wenn das Unerwartete geschieht, wenn das Jurymitglied seinen Sessel herumdreht und überrascht sieht, wozu Sie, Ihre Wenigkeit, in der Lage ist. Es mag sich kitschig anhören und kein bisschen cool, aber manchmal ist cool sein eine Form von Feigheit, um Sie davon abzuhalten, zuzugeben, was Ihnen wirklich wichtig ist.

Dieses Umdrehen des Stuhls ist eines meiner Lieblingsdinge überhaupt. Es ist auch der Grund, warum ich an das Fertigstellen glaube.

Die meisten von uns verbringen einen Großteil ihres Lebens damit, sich zu fragen, was wäre, wenn. Wir fantasieren. Wir träumen. Wir hoffen.

Und aus einer Woche wird ein Monat und dann ein Jahr.

Die Bühne bleibt leer. Das Mikrofon bleibt still. Der Sessel wird nicht herumfahren, weil niemand singt.

In Momenten wie diesen verschwindet das Ziel nicht. Wir glauben, dass der Sand der Zeit es vielleicht überdecken wird und wir es vergessen. Aber das tun wir nicht. Ein unerfülltes Ziel mag verblassen, aber es wird nie ganz verschwinden. Eine Figur in einem Film wird uns an unser verschüttetes Ziel erinnern, ein Schaufenster, in dem ein Buch wie Ihres ausgestellt ist, oder die beiläufige Bemerkung eines Freundes, die alles aufwühlt.

Ziele, denen zu folgen Sie sich weigern, verschwinden nicht – sie werden zu Geistern, die Sie heimsuchen. Wussten Sie, warum Fremde online aufeinander losgehen und heutzutage so leicht wütend und gekränkt sind? Weil ihre Leidenschaft kein anderes Ventil hat.

Auch wenn Sie sich weigern, mit Freude zu handeln, hören Sie dennoch nicht auf, emotional zu sein; Sie drängen Ihre ganze Wut lediglich woanders hin. So mancher Troll wurde geboren aus dem Herzschmerz eines Ziels, das er nicht umzusetzen wagte. Vielleicht ist ein Troll nur jemand, der so oft gegen den Perfektionismus verloren hat, dass er all seine eigenen Ziele aufgegeben hat und nun auch die eines anderen zerstören will.

Andererseits versuchen wir es. Wir handeln. Dann scheitern wir. Dann versuchen wir es wieder.

Warum glaube ich daran, dass wir es schaffen können, etwas zu Ende zu bringen?

Weil ich an Sie glaube.

Ich glaube, dass da mehr ist.

Streichen Sie das. Ich glaube, dass da sehr viel mehr ist.

Wieso ich das glaube?

Weil ich es 1000-mal bei 1000 verschiedenen Menschen erlebt habe, die an 1000 verschiedenen Zielen gearbeitet haben.

Und wenn Sie auch nur ein Zehntel der Dinge versuchen, über die wir in diesem Buch gesprochen haben, dann werden auch Sie das sehen.

Etwas anzufangen macht Spaß, aber die Zukunft gehört den Fertigstellern.

Werden auch Sie ein Fertigsteller sein?

Danksagung

Ich habe schon oft gedacht, dass dieser Teil des Buches eigentlich »Danksagung und Entschuldigung« heißen müsste. Das liegt daran, dass mich nur wenige Dinge so mufflig und angespannt werden lassen wie der Versuch, ein Buch pünktlich fertig zu bekommen. Also, lassen Sie mich zu Beginn direkt meiner wunderschönen Frau Jenny danken, dass sie mich während des längsten Buchentstehungsprozesses ertragen hat, den ich je erlebt habe. Ihre Geduld und Beiträge haben die ganze Sache erst ermöglicht. Mom und Dad, danke, dass ihr an mich geglaubt und mich all die Jahre ermutigt habt. Jon und Laura Calbert, ich könnte mir keine besseren Schwiegereltern wünschen!

Ein großes Dankeschön an das Portfolio-Team, dass sie dieses Buch haben Realität werden lassen. Bria Sandford, ohne deine Änderungen wäre dieses Buch nicht lesenswert. Mit ihnen hast du mich zu meinem Lieblingsbuch gebracht, an dem ich das Glück hatte zu arbeiten. Margot Stamas, der Grund, warum die Menschen von diesem Buch wissen werden, ist dein gutes Marketing. Kaushik Viswanath, du hast verhindert, dass ein entscheidender Bon-Jovi-Fehler das Licht der Welt erblickte – der schlimmste Albtraum jedes Autors.

Adrian Zackheim und Will Weiser, danke für das Verfechten der Angelegenheiten von Autoren in der ganzen Welt. Mike Salisbury und Curtis Yates, danke für das Steuern meiner schriftstellerischen Karriere in den vergangenen Jahren. Ohne euch Jungs würde ich das im Traum nicht schaffen.

Mike Peasley, deine Recherchen haben diese Idee in ein Buch verwandelt, und ich werde dafür ewig dankbar sein. Ashley Holland, der einzige Grund, warum ich in der Lage war, dieses Buch einzureichen, zu Vorträgen zu erscheinen, den Betrieb aufrechtzuerhalten etc. liegt darin, dass du eine so tolle Stabschefin bist. Danke für deine unaufhörliche Unterstützung! Bryan Allain, danke für die Jahre harter Arbeit, um zu gewährleisten, dass die Bücher nicht nur im Regal herumstehen.

Danke allen, die an der »30 Days of Hustle Challenge« und an den »90 Days of Business Hustle« teilgenommen haben. Euer Feedback war unbezahlbar. Und zu guter Letzt danke ich noch allen, die mich ihre Geschichten in diesem Buch verwenden ließen. Ihr habt die ganze Sache so viel besser werden lassen!

Anmerkungen

Einleitung: Das falsche Gespenst

1   Angela Duckworths ausgezeichnete »Grit Scale«: Angela Duckworth.com, https://angeladuckworth.com/grit-scale/.

2   »30 Days of Hustle«: *30 Days of Hustle Summary Research Report*, erstellt von Mike Peasley, University of Memphis, Department of Marketing & Supply Chain Management, 2016.

3   Gebrüder Wright: David McCullough, *The Wright Brothers* (New York: Simon & Schuster, 2015).

Kapitel 1: Der Tag nach »perfekt«

4   Ein einfaches Frühstück aus Eiern: Timothy Ferriss, *The 4-Hour Body: An Uncommon Guide to Rapid Fat-Loss, Incredible Sex, and Becoming Superhuman* (New York: Crown Archetype, 2010).

5   Sie sollen sich einen Film vorstellen: Jack Canfield and Mark Victor Hansen, *Chicken Soup for the Soul: Unlocking the Secrets to Living Your Dreams* (New York: Simon & Schuster, 2012).

Kapitel 2: Halbieren Sie Ihr Ziel

6   Planungsfehlschluss: Daniel Kahneman, *Thinking, Fast and Slow* (New York: Farrar, Straus and Giroux, 2013), S. 260.

7   Studenten, die schätzten, wie lange sie für die Fertigstellung ihrer Abschlussarbeiten bräuchten: Roger Buehler, Dale Griffin, and Michael Ross, »Exploring the ›Planning Fallacy‹: Why People Underestimate Their Task Completion Times«, *Journal of Personality and Social Psychology* 67, no. 3 (1994): 366–81, web.mit.edu/curhan/www/docs/Articles/biases/67_J_Personality_and_Social_Psychology_366,_1994.pdf.

Kapitel 3: Was können Sie vernachlässigen?

8   Momentan habe ich kein schlechtes Gewissen: J. J. McCorvey, »Shonda Rhimes' Rules of Work: Come into My Office with a Solution, Not a Problem«, *Fast Company*, 27. November 2016, www.fastcompany.com/3065423/shonda-rhimes.

9   Strategische Inkompetenz ist der Vorgang des frühzeitigen Entscheidens: Josh Davis, *Two Awesome Hours: Science-Based Strategies to Harness Your Best Time and Get Your Most Important Work Done* (New York: HarperCollins, 2015), S. 64f.

Kapitel 4: Nur was Spaß macht, führt zum Ziel

10   SMART-Ziele … sollten sein: »SMART Goals; How to Make Your Goals Achievable«, MindTools.com, www.mindtools.com/pages/article/smart-goals.htm.

11   Es ist falsch, zu glauben …: Daniel F. Chambliss, »The Mundanity of Excellence: An Ethnographic Report on Stratification and Olympic Swimmers«, *Sociological Theory* 7, no. 1 (Spring 1989), academics.hamilton.edu/documents/themundanityofexcellence.pdf.

12   Jeremy Cowart fand einen Weg: Siehe help-portrait.com.

13   »Angst ist ein Freund außergewöhnlicher Menschen«: Samuel Ha, »Top 30 Greatest Cus D'Amato Quotes«, MightyFighter.com, www.mightyfighter.com/top-30-greatest-cus-damato-quotes/.

14   Wie der Autor Jonathan Fields es ausdrückt: »The Truth About Motivation: Push, Pull, and Death«, JonathanFields.com, www.jonathanfields.com/the-truth-about-motivation-push-pull-and-death/.

15   Hart an etwas zu arbeiten: Simon Sinek, *Zusammen sind wir besser. Eine kleine Geschichte der Inspiration* (München: Redline Verlag, 2017), S. 105.

Kapitel 5: Kommen Sie aus Ihrem Versteck und ignorieren Sie ehrenwerte Hindernisse

16   Mit eiserner Faust aufwachen: Bon Jovi, »Living on a Prayer«, Jon Bon Jovi, Richie Sambora, and Desmond Child, on *Slippery When Wet*. Mercury, 1986, CD.

17   Einstein leistete die beste Arbeit: »Career Advice from Einstein – Is This Your Miracle Year?«, Escapefromcorporateamerica.com, 19. Mai 2009, escapefromcorporate.com/career-advice-from-einstein-genius/.

18   Das Filmdrehbuch wurde zu einer Fernsehshow: James Andrew Miller, *Powerhouse: The Untold Story of Hollywood's Creative Artists Agency* (New York: Custom House, 2016).

Kapitel 6: Verabschieden Sie sich von Ihren verborgenen Regeln

19 »Cooler than Me«: Mike Posner, »Cooler than Me«, Mike Posner, Eric Holljes und Craig Klepto Tucker, RCA, 2010, digital download.

20 Why does Will Smith believe: www.boxofficemojo.com/people/chart/?view=-Actor&id= willsmith.htm&sort=gross&order=DESC&p=.htm.

Kapitel 7: Feiern Sie Ihre nicht perfekten Fortschritte

21 Mal angenommen, dass Sie nachts üben …: Matthew Syed, *Black Box Thinking: Why Most People Never Learn from Their Mistakes — But Some Do* (New York: Portfolio Penguin, 2015), S. 46.

22 Dan Sullivan, ein bekannter Marketingexperte: Dan Sullivan, »Beyond the Horizon«, *The Multiplier Mindset: Insights & Tips for Entrepreneurs* (blog), Strategiccoach.com, blog.strategiccoach.com/beyond-horizon/.

23 Jeremy, der blinde Triathlet: Chad Nikazy, »Why Leading a Blind Athlete Through a Triathlon Changed My Life«, Trifuel.com, 30. Juli 2012, www.trifuel.com/training/inspiration/why-leading-a-blind-athlete-through-a-triathlon-changed-my-life.

24 »Carpool Karaoke« Szene: »Carpool-Karaoke«, *The Late Late Show with James Corden*, 25. August 2016, CBS, ww.cbs.com/shows/late-late-show/video/E5E56235-8692-DE45-0309-C4BD775C807F/britney-spears-carpool-karaoke/.

25 *Game of Thrones*-Autor: Chris Gayomali, »George R. R. Martin's Secret to Productive Writing: A DOS Computer« von Chris Gayomali, *Fast Company,* 14. Mai 2014, www.fastcompany.com/3030610/george-rr-martins-secret-to-productive-writing-a-dos-computer.

26 Demetri Martin: John Trowbridge, »Talking Irrelevance and ›Live (At the Time)‹ with Demetri Martin«, *Huffington Post*, 29. August 2015, www.huffingtonpost.com/entry/talking-relevance-and-live-at-this-time-with-demetri-martin_us_55e0bfb7e4b0b7a963390a5c.9781591847625_Finish_

Kapitel 8: Der Tag vor der Fertigstellung

27 »Henri liebt Boote«: John Steinbeck, *Die Straße der Ölsardinen 37f* (DTV, München: 1986), S. 37.

28 Dann wäre ich vermutlich icht an Trunksucht gestorben: Andy Greene, »The Last Word: Stephen King on Trump, Writing, Why Selfies Are Evil«, *Rolling Stone*, 16. Juni 2014, www.rollingstone.com/culture/news/stephen-king-on-trump-20160609.

29 Der Film *Ein ausgekochtes Schlitzohr*: *Ein ausgekochtes Schlitzohr*, Regie Hal Needham (Universal City, CA: Universal Pictures, 1977), DVD.

30 *Cowboys & Aliens* floppte, obwohl: *Cowboys & Aliens*, Regie Jon Favreau (Universal City, CA: Universal Pictures and DreamWorks Pictures, 2011), DVD.

31 »Du gehst da nicht raus«: *Conan O'Brien Can't Stop*, Regie Rodman Flender (n.p.: Pariah, 2011).

32 Eines Abends machte Jon Stewart in The Daily Show einen Kommentar über Chris: Chris Hardwick, *The Nerdist Way: How to Reach the Next Level* (*In Real Life*) (New York: Berkley Books, 2011).

33 Jedes Kind ist nur einen fürsorglichen Erwachsenen entfernt von einer Erfolgsgeschichte: Josh Shipp, »The Power of One Caring Adult«, JoshShipp.com, joshshipp.com/one-caring-adult/.

Fazit

34 *The Voice*: *The Voice*, Regie Alan Carter, produziert von John de Mol und Mark Burnett, NBC Universal.9781591847625_

Über den Autor

 **Jon Acuff** ist mehrfacher Bestsellerautor sowie bekannter Speaker, Blogger, Tweeter und Erfinder der Online-Challenge »30 Days of Hustle«. Als Brandingexperte beriet er über 20 Jahre Marken wie The Home Depot, Bose und viele mehr. Sein Blog hatte schon über vier Millionen Leser, auf Twitter folgen ihm 300 000 Follower und seine Vorträge begeisterten schon tausende von Zuhörern.

https://acuff.me/

Die Regeln für effizientes Arbeiten

Ständige Ablenkung ist heute das Hindernis Nummer eins für ein effizienteres Arbeiten. Sei es aufgrund lauter Großraumbüros, vieler paralleler Kommunikationskanäle, dauerhaftem Online-Sein oder der Schwierigkeit zu entscheiden, was davon nun unsere Aufmerksamkeit am meisten benötigt. Sich ganz auf eine Sache konzentrieren zu können wird damit zu einer raren, aber wertvollen und entscheidenden Fähigkeit im Arbeitsalltag.

Cal Newport verrät, wie man sich systematisch darauf trainiert, zu fokussieren, und wie wir unser Arbeitsleben nach den Regeln der Deep-Work-Methode neu organisieren können. Wer in unserer schnelllebigen und sprunghaften Zeit nicht untergehen will, für den ist dieses Konzept unerlässlich.

272 Seiten
Softcover
19,99 € (D) | 20,60 € (A)
ISBN 978-3-86881-657-0

www.redline-verlag.de

REDLINE | VERLAG

Frag immer erst: warum

Am Beginn einer jeden Erfolgsgeschichte steht eine einfache Frage

Warum sind manche Organisationen profitabler als andere? Warum werden einige Führungskräfte von ihren Mitarbeitern mehr geschätzt und andere weniger? Warum sind manche Menschen in der Lage, immer und immer wieder erfolgreich zu sein?

In seinem Bestseller zeigt Simon Sinek, dass erfolgreiche Persönlichkeiten wie Martin Luther King Jr. oder Steve Jobs alle nach demselben, natürlichen Muster dachten, handelten und kommunizierten. Am Anfang ihres Wirkens stand immer die Frage nach dem Warum. Mit diesem Ansatz schafften sie es, bedeutende Dinge zu vollbringen und darüber hinaus ihre Mitstreiter zu inspirieren.

Sich an diesen Vorbildern orientierend gibt Sinek in seinem Ratgeber nun Führungskräften, Unternehmen, aber auch Privatpersonen einen Leitfaden an die Hand, der zum endgültigen Erfolg verhilft.

224 Seiten
Softcover
20,60 € (D) | 18,73 € (A)
ISBN 978-3-86881-538-2

www.redline-verlag.de

REDLINE | VERLAG